Daniel O. Malarcsek

Die goldene Epoche

Biografie

Inhalt

Vorwort — 5

Der Anfang — 9

Kurze Geschichte Rumäniens — 15

Mein Leben im Kommunismus — 24

Der erste Ausflug — 40

Schule und „musikalisch Karriere" — 46

Rendezvous mit dem Tod — 60

Wie ich zum Dieb geworden bin — 75

Militärparade — 80

Abenteuer Grenze — 89

Photogalerie und Doku — 108

Vorwort

Man munkelt dass es im Kommunismus eine goldene Epoche gab. Es gab sie wirklich, auch im kommunistischen Rumänien, aber nur für diejenigen die es geschafft haben sich in höhere Posten der kommunistischen Partei hochzuarbeiten. Für die war es wirklich eine goldene Zeit. Ein Leben in Überfluss. Für das Volk war sie leider wie aus Blei, schwer und dunkel. Der Kommunismus wird in der heutigen Zeit als Geschichte bezeichnet. Glücklich können sich diejenigen schätzen, die nach der Wende 1989 oder im Westen geboren wurden. Für die anderen jedoch, die ihr Leben davor in kommunistischen Staaten lebten, hinterlassen diese schmerzhaften Erinnerungen an diese Zeit, immer noch Narben zurück. Wie heißt es so schön:
„die Zeit heilt alle Wunden".
Könnte man meinen oder nicht? Leider ist es nicht so einfach solche Erlebnisse aus dem Gedächtnis zu radieren wie Bleistiftkohle auf Papier. Es ist nicht eine körperliche Wunde, die man versucht zu heilen, sondern eine seelische. Es sind über 25 Jahre vergangen, seit ich Rumänien illegal verlassen habe. Warum bin ich aus meinem Geburtsland geflüchtet? Die Antwort liegt auf die Hand: weil ich damals die Schnauze hatte voll von Unterdrückung, mangelnde Freiheit und Lügen. Rumänien war, von 1947 bis 1989, ein kommunistisches Land. Nach dem zweiten Weltkrieg haben die Russen für sich Osteuropa erobert und den Kommunismus eingeführt. Also ich, geboren 1958, habe über 30 Jahre

die kommunistische Diktatur ertragen müssen, ob ich wollte oder nicht. Man kann sich weder die Eltern, noch sein Geburtsland aussuchen. Damals gab es nur zwei Möglichkeiten: mitmachen oder abhauen. Wer gegen das Politik war, hatte wieder zwei Möglichkeiten:
Entweder im Land zu bleiben und zu kämpfen, mit entsprechende Konsequenzen, Folter und Gefängnis, oder illegal zu flüchten über die Grenze nach Jugoslawien, auch mit Konsequenzen. Es gab für Deutschstämmige noch die Möglichkeit legal aus Rumänien abzuwandern. Von diesen Ausweg konnte ich aber nicht gebrauch machen weil ich keinen deutschen Namen trage. Deswegen habe ich mich für die zweite Möglichkeit entschieden: dagegen sein und illegal flüchten. Schon als Teenager war für mich klar dass ich weg von diesem System will. Es ist eigentlich immer das gleiche im Leben. Man hat ein Traum und möchte ihn auch erreichen. Eine Weisheit sagt:
„Träume es, tue es und du wirst es erreichen"
Egal was man sich vornimmt, die Wüste Gobi zu durchqueren, die Gipfeln des Himalaja zu besteigen und vieles anderes mehr, man muss etwas dafür tun. Von nichts, kommt nichts. In Unterschied zu solche Träume, die aus Langeweile oder Abenteuerlust entstanden sind, für mich war es eine Notwendigkeit. Die einzige Möglichkeit aus diese verseuchten Gesellschaft zu flüchten und damit auch den Tod in kauf nehmen. So wie in der ehemaligen DDR, wurde auch an der rumänische Grenze scharf geschossen. Das Risiko im Sarg nach Hause zu-

rückzukehren war viel höher als bei privaten Unternehmungen. Diese konnte man noch unterbrechen, bei schlechtem Wetter oder bei Krankheit. Bei der Flucht über die Grenze gab es kein zurück mehr, ohne gravierende Konsequenzen. Diejenigen die erwischt wurden, haben nichts zu lachen gehabt. Die Grenzsoldaten verprügelten sie, danach ging es in Gefängnis. Das kann ich aus meinen eigenen Erfahrungen bestätigen. In meinem ersten Buch „Schattenreich und Paradies" habe ich über meine Erlebnisse geschrieben, was damals bedeutete „das Spiel mit dem Tod". So was ähnliches wie Russisches Roulette. Es war mir klar, welches Risiko ich eingehen muss wenn ich meine Freiheit erreichen wollte. Im Endeffekt war es eine freiwillige Entscheidung, weil mich keiner gezwungen hat, es zu tun. Es war auch Hilflosigkeit. Was sollte man tun gegen so ein gewalttätiger Staatsapparat der keine Abweichungen tolerierte? Es wimmelte nur so von Informanten des Geheimdienstes. In Rumänien hieß sie Securitate. Mann konnte sich nicht in der Öffentlichkeit gegen das Regime äußern, ohne Konsequenzen. Von Mahnung über Prügeln bis hin zu Gefängnis oder Exil, was die Ausnahme war. Nur über Fluchtpläne zu diskutieren war schon mit einem erhöhten Risiko verbunden. Sogar Verwandte haben sich gegenseitig verpetzt, um ein wenig besser zu leben. Dieses Buch ist eine Autobiografie. Warum ich es geschrieben habe? Warum eigentlich nicht? Jeder von uns könnte ein Buch über sich und sein Leben schreiben. Man muss nicht immer ein Promi sein. Jeder von uns ist auf seine Art und Weise ein Promi und jeder von uns ist einzigartig auf diese Welt. Ich habe es geschrieben in erste Linie um alles was ich erlebt habe, zu verarbeiten. Es waren keine gute Zeiten. Schlechte Zeiten, Kommunismus und Unterdrückung, gute Zeiten, Kapitalismus und Freiheit. Besser so, als immer schlechte Zeiten. Einer meiner wichtigen Ziele, in Freiheit und Zufriedenheit zu leben, habe ich erreicht. Mein Traumland war von Anfang an Deutschland und ich bereue keine Sekunde meine Entscheidung. Es war kein leichter Weg hierzulande mit Integration und dem ganz anderen System. Aber was ist leicht in diesem Leben? Für seine Träume muss man bereit sein Opfer zu bringen. Und noch wichtiger, meiner Meinung nach, ist am Ball zu bleiben und nicht aufgeben, auch wenn es Rückschläge gibt. Ich versuchte Rumänien schon 1982 zu verlassen. Leider ging mein erster Versuch fehl, weil ich mich nicht richtig vorbereitet habe. Die Konsequenzen waren klar: Schläge und Gefängnis. Zum Glück wurde ich nicht erschossen und habe auch keinen ernsten Gesundheitsschaden davon getragen. Die psychische Schaden trage ich leider mein ganzes leben mit mir. Trotzdem habe ich nicht aufgegeben und siehe da, nach fast sieben Jahre Wartezeit und Vorbereitungen, ist es mir 1989 gelungen aus Rumänien zu flüchten. Seitdem lebe ich in Deutschland, in dem wunderschönen Land Bayern und bin hochzufrieden. Nach über 50 Jahre Erfahrung, habe ich gelernt, dass das wichtigste im Leben die Gesundheit ist. Danach kommen Familie und Liebe. Geld ist wichtig, aber mit Geld kannst du weder Gesundheit noch wahre Liebe kaufen. Manchmal im Leben ist weniger mehr. Wenn Sie einige Schreibfehler finden, oder die Grammatik stimmt nicht ganz, entschuldige ich mich. Ich bin kein Lektor und kann mir nicht leisten einer zu bezahlen. Wer Kritik übt, soll es besser machen.

Der Anfang

Zuerst möchte ich etwas über meine Herkunft erzählen. Es war ein trüber Tag 1958. Ich erblickte im Krankenhaus der Arbeiterstadt Ferdinandsberg, in Rumänien, das Licht der Welt. Bei der Geburt, die gar nicht so leicht war, wie meine Mutter mir später erzählte, wog ich ungefähr 4 Kg. Mit vier Jahren kam die erste gesundheitliche Prüfung. Ich war stark erkältet. Meine Mandeln waren so vereitert und geschwollen, dass ich fast keine Luft mehr bekommen habe. Nach ein paar Tage hohes Fieber und etlichen Versuchen aus „Omas Apotheke", haben sich meine Eltern entschieden, mit mir zum Arzt zu gehen. Ich wurde sofort operiert, sonst hätte ich „Adieu, schönes Leben" sagen können. Seitdem sind über 50 Jahre vergangen und trotzdem erinnere ich mich daran, als wäre es gestern passiert. Eine Krankenschwester legte mir ein weißes Tuch mit sehr merkwürdigem Geruch auf die Nase, und nach kurzer Zeit bin ich in einen tiefen Schlaf gefallen. Damals wurde noch Chloroform als Narkosemittel eingesetzt. Wegen dieser Operation leide ich auch heute noch. In Folge dieser Mandeloperation bekam ich später Lungenprobleme. Als ich sechs wurde ging ich zum Radiologen. Der entdeckte am rechten Lungenflügel einen etwa fünf Zentimeter großen Fleck. Hoppla hopp! Verdacht auf Tuberkulose, abgekürzt TBC! Damals war diese Lungenkrankheit relativ verbreitet in Osteuropa. Kein Wunder, bei so viel Armut und unterentwickelter Medizinversorgung!

Das Haus, in dem ich über 30 Jahre gelebt habe, bestand aus ökologischem Material. Es wurde Anfang der dreißiger Jahre gebaut. Die Grundbausteine waren Sand und Lehm, welche zusammen mit Wasser zu einer Knetmasse gemischt wurden. Danach kam das Gemisch in eine rechteckige Form aus Brettern, wurde gestampft und in der Sonne getrocknet. So entstanden die Ziegel. Aus ökologischer und gesundheitlicher Sicht eine gute Sache. Aber was nutzte eine 40 Zentimeter starke Wand, wenn die Fenster aus Holz und undicht waren? In diesem Haus war es im Winter nie richtig warm, weil viel Wärme verloren ging. Ich will keinen einen Vorwurf machen. Alles wurde von Oma und Opa in Handarbeit aufgebaut. Mit wenig Geld kann man keine Paläste bauen. Mein Opa schaffte zehn bis zwölf Stunden im Walzwerk bei 1200 Grad „im Schatten". Kein Wunder, dass er so relativ jung - mit 59 Jahren - sterben musste. Er kam aus einer, wie damals üblich, kinderreichen Familie mit neun Geschwistern. Er war der älteste. Das bedeutete, er musste sich um alle anderen kümmern und für diese auch materiell sorgen.

Nun zu meinem alten Zuhause. Es war klein (zwei Zimmer und Küche) für fünf Erwachsene und zwei

Kinder! Für damaligen Verhältnisse, normal. In den ersten zwei Jahren meines Lebens wohnten auch meine Tante, ihr Mann und mein Cousin mit uns im Haus, eigentlich Häuschen. Später, als sie gegangen waren, hatten meine Eltern, meine Großmutter und ich, die 60 Quadratmeter nur für uns. Ein Badezimmer war damals Luxus. Wer sich so etwas leisten konnte, gehörte zu den Reichen Parteifunktionäre oder lebte im Plattenbau. Wir hatten weder fließendes Wasser noch einen Wasserkanal oder Telefon - und das bis spät in die achtziger Jahre. Die ältere Generation hierzulande kennt noch ähnliche Verhältnisse, weil in Deutschland nach dem Krieg viele Menschen auch in Armut gelebt haben. Warmes Wasser? Fehlanzeige. Oder doch, Regen- oder Brunnenwasser in Blechschüsseln gesammelt und auf dem Holzofen erwärmt. Zum Glück hatten wir im Garten einen Brunnen, der circa 15 Meter tief war und von meinem Großvater ausgegraben wurde. Mit Flusssteinen, Meter für Meter komplett bis in die Tiefe gepflastert! Ich bewundere diesen Mann! Hut ab. Heutzutage kann man sich so etwas gar nicht mehr vorstellen. Wir hatten zwar einen Brunnen, aber das Wasser war nicht untersucht, so dass wir uns nicht trauten, davon zu trinken. Also besorgten wir das Wasser von einer Quelle, die etwa 200 Meter von uns entfernt war. Dort wuschen wir auch die Wäsche, egal ob im Sommer oder im Winter. Es war die einzig nahe gelegene Wasserquelle mit fließendem Wasser. Waschmaschine? Na klar! Wir hatten sogar zwei - die linke und die rechte Hand! Ich, als Kind musste auch mitmachen. Im

Winter, die Hände in eiskaltes Wasser tauchen und die Wäsche spülen, weil die Hände meiner Mutter und meiner Oma schon eingefroren waren. Heute frage ich mich, woher die Gelenkschmerzen kommen!

Hier ist abgebildet die Wasserquelle oder unsere „Waschmaschine", wo wir auch in Winter die Wäsche gespüllt haben mit blosen Händen!

Zentralheizung? Vergiss es. Der Ofen funktionierte mit Kohle oder Holz vom Wald, selber geschlagen. Das Holz mussten wir Hunderte von Metern auf dem Rücken bis nach Hause tragen, oder hinter uns ziehen und mit der Handsäge schneiden. Wie ich diese Arbeit gehasst habe! Wir hatten weder Gas noch Öl. Diejenigen, die im Zentrum der Innenstadt im Plattenbau wohnten, konnten die Fenster offen halten, so warm war es in den Wohnungen! Die hatten die Fernwärme aus der Fabrik. So sah die Gerechtigkeit damals aus! Hoch lebe der Kommunismus!

Als ich sieben Jahre alt war, begann langsam aber sicher die Kinderarbeit. Ich muss sagen, dass mir aus meiner Kindheit nicht viele schöne Erinnerungen geblieben sind. Egal, es ist vorbei.

Jetzt zu unseren Garten. Der Boden bestand hauptsächlich aus Lehm und Steinen. Da legten wir jedes Jahr Kartoffeln. Die Ernte war ganz mager, weil der Boden nicht für die Landwirtschaft geeignet war. Arbeiten für die Katz! Da das Geld für Arbeitsmaterialien aus dem Geschäft nicht gereicht hatte, mussten wir wie Mörtel für mauern selbst anfertigen. Ich will gar nicht wissen, was mein Rücken damals alles geleistet hat. Zu jeder Jahreszeit wartete auf uns draußen im Garten der Plumpsklo. Oh mein Gott, hat mein Hintern vielleicht gefroren! Toilettenpapier? Fehlanzeige! Alte Zeitungen oder meine alten Hausaufgabenhefte waren unser Toilettenpapier. Aber ich muss sagen, dass es etwas Positives an den abwischen mit Zeitungen gab. Mit großem Vergnügen habe ich mich ab und zu mit der Seite wo Präsident Ceausescu abgebildet war, mein Hinten abgewischt! Ha, ha, ha! Jetzt muss ich lachen. Damals war es Hass und eine der wenigen Möglichkeiten etwas gegen Kommunismus zu tun ohne gleich bestraft zu werden!

Nicht einmal ein vernünftiges Bad konnten wir uns leisten. Und später, wenn Wasser da war, war kein Strom und umgekehrt. Zum Glück konnte ich in der

Fabrik duschen, aber die Hygiene dort lies zu wünschen üblich. Wir kannten nichts anderes und mussten damit zufrieden sein. Es war „normal". Ich kann nachvollziehen, dass das für viele Heutzutage unvorstellbar ist. Um ehrlich zu sein, für mich jetzt auch. Wieder zurück? Niemals! Jeder kommt irgendwann auf den Gedanken:
„Mensch, wie gern wäre ich wieder jung."
Ich möchte das nicht. Wenn man es nicht selber durchgemacht hat, kommt man sich schon vor wie in einem schlechten Film. Ab und zu erzähle ich meiner Tochter, was ich durchgemacht habe. Sie bekommt zwar Mitleid mit mir, kann sich so etwas aber nicht vorstellen. Es ist auch normal, weil sie es, nicht selbst erlebt hat. Auf jeden Fall waren die Verhältnisse damals schlecht. Andererseits hatte es aber auch einen Vorteil so aufzuwachsen:
Es hilft im harten Leben leichter zurechtzukommen und man meistert die schlechten Zeiten besser. Ich habe mich für den Schritt entschieden, in ein anderes Land auszuwandern aus wirtschaftlicher Gründen und mangelnder Freiheit. Warum wandert man aus? Weil es einem gut geht? Nein, weil man unzufrieden ist, egal aus welchem Grund auch immer. Zum Glück konnte ich die deutsche Sprache. Hätte ich damals gewusst, dass das kommunistische Regime im Dezember 1989 beendet sein würde, hätte ich nicht mein Leben das zweites Mal in Gefahr gebracht, um das Land illegal zu verlassen. Eigentlich war auch eine Abrechnung mit denjenigen, die über mich gelacht haben, weil ich beim ersten Versuch über die Grenze zu flüchten, 1982, gescheitert und

im Gefängnis gelandet bin. Ich habe mir so oft geschworen, dass ich es allen zeigen werde wo der Hammer hängt. Und tatsächlich, es hat geklappt!

Kurze Geschichte Rumäniens

Bevor ich über das Leben im Kommunismus etwas schreiben soll, möchte ich etwas über die Geschichte Rumäniens erzählen. Auch wenn ich seit über 25 Jahren in Deutschland lebe, mein Geburtsland bleibt Rumänien. Irgendwie fülle ich mich verpflichtet über dieses wunderbare Land etwas zu schreiben. Ich bin kein Historiker. Was ich hier geschrieben habe, ist ein Teil meinen Recherchen und meiner Erinnerungen. Rumänien liegt in Südosteuropa, ist circa 238.000 Quadratkilometer groß und hat ungefähr 20 Millionen Einwohner. Diese Region war und bleibt für immer ein Puffer zwischen Osten und Westen. Seit 2000 Jahren ist dieser kleine Staat systematisch geplündert worden wegen seiner Bodenschätze wie Gold, Silber, Kupfer und Marmor. Die Geschichte Rumäniens ist stark vom Einfluss der Römer geprägt. Französisch: Romanie, englisch: Romania, war in der Spätantike eine Bezeichnung für das römische Reich, im Mittelalter für das Gebiet des byzantinischen Reiches. Die auf dem Gebiet des späteren Rumänien ansässigen Daker, nach dem Krieg von 104-106 n.Chr., wurden durch den römischen Herrscher Trajan in das römische Reich eingegliedert. 271 n.Chr. wurden die römischen Truppen ans südliche Donauufer zurückgezogen. Die letzten Stellungen nördlich der Donau wurden während der Regierungszeit Aurelians (270–275 n.Chr.) aufgegeben. Es folgten mehrere Wellen von Wanderungsbewegungen. Im 7. Jahrhundert die Slawen, im 9. Jahrhundert die Hunnen und die Magyaren und im 13. Jahrhundert die Tataren. Im 14. Jahrhundert entstanden die Fürstentümer Moldau und Walachei. Im Norden, später Transsilvanien, war Siebenbürgen ein Teil des ungarischen Königreichs. Zwischen dem 14. und 17. Jahrhundert findet man in der Geschichte der Fürstentümer viele Stürze von Fürsten durch rivalisierende Parteien. Die Bauern mussten einen Teil ihrer Erträge in Naturalien abgeben. Trotzdem hatten sie nicht das Recht, vorenthaltenen Grund und Boden zu besitzen oder umzusiedeln. Ab dem 14. Jahrhundert kam das osmanische Reich an die Macht. Gegen die Zahlung eines Tributs sicherten sich die Rumänen eine weit reichende innere Selbständigkeit und bis ins 17. Jahrhundert einen Spielraum in der Außenpolitik. Ende des 19. Jahrhunderts, nach dem Sieg gegen die Osmanen (Türken), wurden Ungarn und Siebenbürgen Teil des Habsburgerreichs. In den meisten europäischen Ländern kam es 1848 zu Aufständen - so auch in Rumänien. 1866 kam Prinz Karl von Hohenzollern-Sigmaringen an die Macht. Seine Nachkommen blieben als Könige von Rumänien bis zum Sturz durch die Kommunisten, im Jahr 1947. Im ersten Weltkrieg blieb Rumänien neutral bis 1916. Danach kämpften sie auf die Seiten des Russen. Am 7 Mai 1918 schloss Rumänien mit den Mittelmächten den Frieden von Bukarest. Nach dem Ende des Kriegs, in dem neuen

„Großrumänien", waren drei Viertel der Bevölkerung ethnische Rumänen. Der Rest Ungaren- und Deutschstämmige. Zwischen 1930 und 1940 gab es über 25 verschiedene Regierungen. 1927 kam die nationale Bauernpartei an die Macht. In den 30er Jahren stieg eine Zahl von ultranationalistischen Parteien auf, insbesondere die Eiserne Garde bis Dezember 1933. 1938 entließ König Karl der Zweite die Regierung und setzte eine Königsdiktatur ein. Nach einem Jahr endete die Diktatur und eine neue Regierung wurde gebildet. Im April 1939 entschieden Großbritannien und Frankreich die Unabhängigkeit Rumäniens zu sichern. Eine ähnliche Garantie durch die Sowjets wurde abgebrochen, weil Rumänien es ablehnte, die rote Armee auf sein Territorium kommen zu lassen. Nach Ausbruch des zweiten Weltkriegs blieb Rumänien neutral. König Karl versuchte die Neutralität zu bewahren, aber Frankreichs Kapitulation und der Rückzug Britanniens vom Festland machten deren Garantien an Rumänien, hinfällig. Im Oktober 1940 begann die deutsche Okkupation. Am 23. November 1940 trat Rumänien in den Krieg ein. Im Juni 1941 wurde gegen die Sowjetunion, von Deutschland aus, mit rumänischer Unterstützung eine Offensive gestartet. Rumänien versorgte die Achsenmächte mit Öl, Getreide und Industrieprodukten und wurde deswegen 1943 von den Alliierten systematisch bombardiert. Mit der sowjetischen Gegenoffensive begann sich das Blatt zu wenden. 1944 lag die rumänische Wirtschaft ganz am Boden. Im August 1944 fand der Seitenwechsel gegen Hitlers Truppen statt. Nach der Jaltakonferenz wurde Rumänien von der Sowjetunion besetzt und die Russen spielten eine große Rolle in der politischen Entwicklung Rumäniens. 1945 kamen zum ersten Mal die Kommunisten an die Macht und besetzten die Schlüsselministerien. Bis hierhin habe ich in der Schule, im Geschichtsunterricht, Annäherndes gelernt. Ab jetzt, beginnt für die meisten der unbekannte Teil: Das wahre Gesicht des Kommunismus mit Gewalt, Wahlmanipulation und Täuschung. Im November 1946 erhielten die Kommunisten und ihre Alliierten circa 80 Prozent der Stimmen bei den Wahlen - zu Unrecht. Nachher wurden die alliierten Parteien langsam und sicher entfernt oder eingegliedert. So wuchs die Macht der Kommunisten ständig. Am 30. Dezember 1947 endete die Monarchie und König Mihai wurde ins Exil in die Schweiz geschickt, wo er und seine Familie bis 1990 lebten. Dann kam die Stunde der Rumänischen Volksrepublik, die im April 1948 mit einer Verfassung formalisiert wurde. Ab jetzt begann, nach russischem Beispiel, die Kollektivierung und führte zu Tausenden von Festnahmen, weil die Bauern ihr Land nicht freiwillig hergeben wollten. Im gleichen Jahr, im Juni, wurden alle Banken und großen Unternehmen verstaatlicht. In Rumänien entwickelte sich nach stalinistischem Modell ein System der Zwangsarbeit und politischen Gefängnisse. Es wird geschätzt, dass bei dem Versuch einen Kanal zwischen der Donau und dem Schwarzen Meer zu bauen, in den 50er Jahren mindestens hunderttausend politische Gefangene gestorben sind. Davon aber stand nichts in unseren Geschichtsbüchern! Erster Generalsekretär der Kommunisten war Gheorghiu-Dej, ein überzeugter Stalinist. Nach dem Tod von Stalin, 1953, kam in Moskau Chruschtschow an die Macht. 1955 trat Rumänien dem Warschauer Pakt bei und gehörte seit dem zu den Ostblockländern bis ende der 80 er Jahre. Nicht jeder war einverstanden mit der Politik der Sowjetunion und so fand 1956 die Revolution in Ungarn statt, bei der die Kommunistische Partei aufgelöst wurde. Im November startete Moskau einen blutigen Einmarsch in Ungarn und beendete brutal den Aufstand. In der Tschechoslowakei kam es 1968 zum „Prager Frühling". Diese Revolution schlugen erneut die russen mit Panzern nieder. In Rumänien wurden mit Brutalität alle Bauern enteignet und 1962 erklärte die Regierung die Kollektivierung als beschlossen. Der Generalsekretär Gheorghiu-Dej starb 1965 unter unklaren Umständen und nach kurzer Zeit übernahm der „liebe" Ceausescu die Macht. Er wurde am Anfang als Reformer gefeiert und hat sich gegen den Einmarsch der russischen Truppen 1968, entschieden. Dies war der Grund, warum er im Ausland populär wurde. Die Beziehungen zum Internationalen Währungsfond und der Weltbank waren gut. Rumänien machte Schulden und so ging es auch den Menschen relativ gut. Dass kann ich bestätigen. In den 70-er ging es uns nicht schlecht. Die Innenpolitik aber fing an, sich in eine ganz andere Richtung zu entwickeln. Weil die Geburtsrate zurückging, setzte Ceausescu ein Gesetz durch, dass Abtreibung und Empfängnisverhütung beschränkte. Viele verzweifelte Frauen verloren ihr Leben infolge von Abtreibungsversuchen. Nur Frauen ab 45, oder mit fünf Kindern, durften legal abtreiben. Die Armut nahm Gestalt an und viele gesunde und behinderte Kinder wurden in Waisenhäusern abgegeben. Davon profitierte der Geheimdienst (Securitate) und nahm sich seinen Nachwuchs von den Waisenhäusern. Die Kranken und Behinderten wurden in den Heimen gelassen. Es war sozusagen eine „Säuberung", wie Hitler sie auch gemacht hatte. Alles nur „erste Sahne"! Die Schwachen und Kranken weg! Davon hatten wir keine Ahnung. Die waren doch nicht blöd es uns zu sagen! Erst nach 1990 kam die Wahrheit ans Licht. Mir wurde klar, dass das gleiche Prinzip wie das in den terroristischen Lagern im Orient praktiziert wurde. Für diese Menschen war der Staat alles. Sie bekamen alles was sie wollten und wurden treue Beschützer. Die kannten nichts anderes und riskierten Kopf und Kragen für die Vorgesetzten und für das Regime.

Die Verletzung der Menschenrechte war an der Tagesordnung. Hier nur ein paar Beispiele, wie ich sie auch erlebt habe:

• Zensur. Pressefreiheit war ein Fremdwort. In den Zeitungen nur gute Nachrichten über Rumänien und den Osten und nur schlechte über den Westen.

• Von den vier bis fünf Stunden am Tag, in denen wir TV gesehen haben, gab es eine Stunde Zeichentrick- filme, dann kam eine Stunde das Abendjournal, mit Lügen und Täuschung, und später entweder ein rumänischer Film oder Filme wie Winnetou

und diverse Cowboyfilme, so dass wir sehen konnten, wie es im „wilden Westen" war.
- Wie bereits erwähnt, Abtreibung war verboten.
- Kirchen und historische Gebäude wurden abgerissen, um platz für Plattenbau zu machen.
- Keine Reisefreiheit.

Nach einem Besuch in Nordkorea kam Ceausescu auf die Idee eines Neuaufbaus des Landes, um eine so genannte Systematisierung in Gang zu setzen. Vieles wurde ausradiert und mit „moderner Architektur" versehen. Alte wunderschöne Kulturerbe-Bauten wurden komplett beseitigt, Wohnblocks und Fabriken gebaut. Im Jahr 1980 hatte Rumänien zu viele Schulden bei der Weltbank und der Staatsbankrott drohte. So begann Ceausescu seine Schulden zurückzuzahlen, zu unseren Lasten. Gleichzeitig fing er an ein Denkmal zu setzen inmitten der Hauptstadt Bukarest: seinen berühmten „Haus des Volkes" das größte Gebäude Europa. Dieser Palast wurde errichtet von Handwerkern aus dem ganzen Land. Um die 20.000 Männer im Alter von 18 bis 60 Jahre, Aktive und Reservisten, mussten für mindestens sechs Monate auf die Baustelle, ohne Wenn und Aber. Wer sich weigerte, wurde ein Volksverräter genannt und zu Gefängnisstrafen verurteilt. Viel Marmor und Geld wurde für den Palast gebraucht, und wir mussten leiden, weil Fleisch und Getreide zu Dumpingpreisen ins Ausland gingen! Im Laufe der Jahre wurden die Menschen immer unzufriedener und am 16 Dezember 1989 platzte die Bombe in Temeschwar. Nachdem Gorbatschow in der UDSSR an die Macht kam begann die Perestroika, der Umbau in Russland. 1989 fiel die Mauer in der ehemaligen DDR, danach kam die Zeit der Veränderungen auch für Rumänien. Ich war zum Glück schon in Deutschland, aber im Fernsehen habe ich alles gesehen und mitgefiebert. Die Emotionen waren auf dem Höhepunkt, als die beiden „Ratten", Ceausescu und seine Frau Elena, zum Tode durch Erschießen verurteilt wurden. Bis es dazu kam, mussten leider bei der Dezemberrevolution Tausende Menschen sterben und viele wurden verletzt. Ich will jetzt nicht zu sehr im Detail hierüber berichten, weil man davon noch ein weiteres Buch schreiben könnte. Circa drei Wochen nach diesen Ereignissen, am 17. Januar 1990 (das kann ich gar nicht vergessen) reiste ich zum ersten Mal ins freie Rumänien, um meine Leute zu besuchen. Es war wie im Traum, nach so vielen Jahren Unterdrückung, endlich Freiheit! Alle zeigten das Zeichen „V" für Sieg. Wir haben gesiegt und die Diktatoren sind endlich weg! Die Grenze zu überschreiten, ohne dass der Kofferraum von den Zöllnern geplündert wird, war unglaublich…schön! Einmal erzählte mir mein Onkel, der seit 1976 in München lebte, dass er 1980 mit vollem Kofferraum an die Grenze kam und ihm fast alles von den rumänischen Zöllnern konfisziert wurde. Dann musste er noch 2000 DM Strafe zahlen, sonst drohte ihm eine Gefängnisstrafe in Rumänien. Die Zöllner sprangen damals wie die Geier auf Ausländer und plünderten deren Autos. Dagegen konnte keiner was machen. An wen hätte man sich auch wenden sollen? Die schimpften noch dazu: „Wenn es dir nicht passt hau ab. Geh

wieder dahin zurück zu den Kapitalisten, du Landstreicher!"
Ich kann mich heute noch gut daran erinnern als wir, Anfangs der 80-er, ein Paket aus Deutschland bekamen. Nach zig Stunden Wartezeit waren endlich auch wir dran und mussten alles rausholen aus dem Karton. Sobald alles auf dem Tisch lag, wurde aussortiert: Das geht, das geht nicht. Mein Onkel hatte uns unter anderem eine Salamistange geschickt, aber der Zöllner nahm sie heraus und sagte, dass sie abgelaufen sei und warf sie in einen großen Korb.
„Das geben wir unseren Hunden. Vielleicht ist es verseucht. Nicht, dass Sie krank werden. Und was haben wir da? Oha! Sie haben zu viele Packungen Kaffee. Es ist nur ein Kilogramm erlaubt und Sie haben zwei, " sagte er mit einem Schmunzeln ins Gesicht. Und prompt schmiss er zwei Packungen in den Korb. Der gute Jacobs-Kaffee war wie weggezaubert! Ich schluckte und sagte nichts, aber innerlich hab' ich dieses Schwein schon geschlachtet! Bevor der alles konfisziert, lieber die Klappe halten und mindestens etwas retten. Es war klar, dass diese Lumpen am Ende der Schicht sich die Sachen geteilt haben. So kann man einem Regime treu sein, wenn man selbst ohne Sorgen leben kann und andere für das tägliche Brot kämpfen. Ja, ja, so war das mit dem Kommunismus. Hochlebe Kommunismus...drei Meter unter die Erde! Und ich hatte das Pech in so einem Land geboren zu sein!

Mein Leben im Kommunismus

Einer der Gründe, weswegen ich dieses Buch geschrieben habe, ist dass mich eine Frage manchmal gequält hat:
Warum wird so viel über die Opfer des Nationalsozialismus gesprochen und so wenig über die Opfer des Kommunismus? Scheiße waren beide, eigentlich. Ich bin weit davon entfernt ein Antisemit zu sein. Was damals passierte war nicht ok. Es sind aber über 70 Jahre vergangen! Der Nationalsozialismus herrschte für relativ kurze Zeit. Nun was ist es mit den Opfern des Kommunismus, die in den über 70 Jahren Unterdrückung und Diktatur verschwunden sind? Keiner kennt die Dunkelziffer. Es wird geschätzt, dass über 30 Millionen Menschen in Gefängnissen und Konzentrationslagern gestorben sind oder an der Grenze einfach niedergeschossen wurden. Und die, die es überlebt haben und später in Folge der Folter in den Gefängnissen oder durch den Geheimdienst gesundheitliche Schäden davon getragen haben? Wer entschädigt diese Menschen und die Hinterbliebenen? Wer zahlt mir Schmerzensgeld für die verlorenen 32 Jahre in dieser verdammten Gesellschaft oder für die Monate die ich im Gefängnis verbracht habe, nur weil ich frei leben wollte? Keiner, aber egal. Jetzt aber Schluss mit Aufregung! Bringt nichts. Kommen wir zu dem Geschwür, besser gesagt zum Kommunismus.
Karl Marx war der erste, der sich mit diesem Thema befasst hat und schrieb sein Buch "Das Kapital." Er kritisierte den Kapitalismus als eine Form der Un-

terdrückung der Arbeiter. Nach dessen Tod 1883, ergänzte Engels mit zwei Bänden dieses Manuskript und nannte es Wissenschaftlicher Sozialismus. Alles, was sich diese zwei unter Kommunismus vorgestellt haben, Gerechtigkeit und Gleichheit für alle, war theoretisch gar nicht schlecht, wurde aber ganz anders in Praxis umgesetzt. Es war eine Utopie, also in Wirklichkeit etwas, was nicht machbar ist. Jeder arbeitet und kann sich frei an dem Erwirtschafteten bedienen, ohne dass ein nennenswerter Unterschied zwischen den Menschen besteht. Jeder besitzt alles und alle sind gleich. Alles Quatch. Nicht schlecht gedacht, aber in der Praxis ging alles in Richtung Diktatur. Kommunismus war nichts anderes als eine Unterdrückungsform im neuen Denkansatz, wie es bis dato keinen gab. Als Basis war die Beseitigung jeglicher Gegner ohne jeden Skrupel. Russland war das erste Land, in dem der Kommunismus ausgebrochen ist, wie die Pest. Die Armut hatte Überhand genommen und immer mehr Menschen waren unzufrieden. Es gab keine Mittelschicht. Es war nicht nur in Russland so, sondern überall in Europa. Die Monarchen hatten keinerlei Interesse daran, dass auch die kleinen Leute gut leben. Sie haben nur in ihrem eigenen Interesse gehandelt. Wie heute die Manager oder manche Politiker, die nie mehr satt zu werden scheinen! In Rumänien herrschte bis 1947 die Hohenzollern-Dynastie mit König Karol und seinem Sohn Mihai. Es ging den Menschen damals relativ gut, bis zum Ausbruch des zweiten Weltkriegs. Rumänien war in ganz Europa berühmt für seine reiche Getreideernte. Wer gearbeitet hatte, konnte auch gut leben. Ab dem Krieg hatten die Menschen, genauso wie in Russland, fast alles verloren. Mit oder ohne Einverständnis des Einzelnen, wurde alles in Kooperativen zusammengefügt, was ursprünglich persönliches Eigentum war. Es war ein unglaubliches Durcheinander. Jeder Depp, der seit Anfang der 50er in der kommunistischen Partei war - mit oder ohne Studium, meistens ohne - bekam einen guten Job im Büro. Die, die nicht einverstanden mit der Politik waren, mussten sich mit dreckiger Arbeit zufrieden geben, sonst drohte Gefängnis oder Folter. Ceausescu war ausgebildeter Schuhmacher. Seine Frau hatte einen Hauptschulabschluss, wenn überhaupt, wer kann die Wahrheit wissen? Später auf einmal war sie Doktor Elena Ceausescu. Diese Idioten von Kommunisten haben ein Land und seine Menschen in den Ruin getrieben. Mein Großvater mütterlicherseits war ein harter Gegner des Kommunismus und wollte sein Vermögen nicht abgeben. Er hatte vor dem ersten Weltkrieg in Amerika drei Jahre hart gearbeitet, mit viel Mühe Geld verdient und Land in Rumänien gekauft. Dann kamen die Kommunisten und nahmen ihm das Land und alle Tiere. Über Nacht war alles weg und somit auch vollkommen normal, dass er sich geärgert hatte. Es war sein Leben und seine Arbeit gewesen! Weil sie Land besaßen, wurden Anfang der 50er Jahre zwei meiner Onkel, zusammen mit ihren Familien, nach Baragan deportiert. Baragan ist so ähnlich wie die Puszta in Ungarn, weite Ebene ohne einen einzigen Baum, unendliche Landschaft. Die Gendarmen kamen, setzten die Leute in den Zug, haben sie 600 Kilometer weiter bis ins Landesinnere eskortiert und auf dem Feld deponiert. Mitten in der Wüste ohne ein Dach über dem Kopf, ohne Wasser, gar nichts! Es war wie hierzulande in den Konzentrationslagern oder in den Deportationslagern für deutsche Gefangene in Russland nach dem zweiten Weltkrieg. Wenigstens dort waren Baracken vorhanden. Vier Jahre haben meine beiden Onkel mit ihren Familien dort gelebt. Sie und viele andere wurden als Kapitalisten und Verräter bezeichnet und weil sie ein wenig mehr besaßen als andere, mussten sie dafür büßen. Auch in Rumänien haben viele Menschen ihr Leben verloren oder lange Jahre im Gefängnis verbracht, weil sie gegen das Regime waren. Ab 1965 übernahm Ceausescu die Führung der Partei. Danach, bis Ende der 70er Jahren, ging es den Menschen relativ gut. Anfang der 80er hat in Rumänien die Krise begonnen, weil der rumänische Staat fast bankrott war. Es wurde importiert ohne Ende, aber der Export war zu gering, weil die Qualität für den Westen nicht stimmte. Dieser blöde Ceausescu und seine Berater haben entschieden, die Schulden auf unsere Kosten an den Weltfond zurück zu zahlen. Alles wurde rationiert. Soldaten, Studenten und Schüler mussten im Herbst auf die Felder als Unterstützung für die Bauern in den Kooperativen, um Gemüse, Obst und Getreide zu ernten. Alles ging ins Ausland zum Tilgen der Schulden. Die Produkte mit niedrigster Qualität wurden im Inland in den Läden angeboten. Wolltest du diese kaufen, war es gut, wenn nicht, war es dein Problem, wie du über die Runden kommst. Man sollte auch nicht vergessen, dass Rumänien viele Jahre lang Kriegsentschädigungen an Russland zahlte, weil es im Krieg auf Hitlers Seite gekämpft hatte. Die Kommunisten haben ganze Dörfer wegradiert und große Fabriken gebaut, Stromfresser und Umweltverpester, die meistens nur Schrott produziert haben. Alles war geplant in den Ministerien. Hier wurde der Plan entwickelt und musste in die Praxis umgesetzt werden. Wieder alles nur Theorie. Mit der Realität hatte das wenig zu tun. Wie kann ein Politiker die wahre Situation erkennen und die richtige Entscheidungen treffen, wenn er weit weg vom Geschehen ist und keine Ahnung hat, wie es wirklich in der Praxis funktioniert? Alles war gelogen von unten bis ganz oben, weil jeder seinen warmen Stuhl behalten wollte. Der Plan wurde ständig übertroffen, aber nur auf dem Papier. In der Wirklichkeit war es weder quantitativ noch qualitativ realisierbar. Ich weiß, wovon ich spreche, weil ich zehn Jahre in einem großen Walzwerk gearbeitet habe. Hunderte von Tonnen Fertigprodukte lagen im Depot und mussten wieder geschmolzen werden, weil die Qualität nicht stimmte und keiner es kaufte. Über Umwelt und Naturschutz muss man gar nicht reden. Die Arbeitskleidung, voller Öl und Fett, wurde mit Diesel gewaschen und der Dreck einfach weggeschüttet, egal wohin, sogar in den Fluss! Überall nur Müll, im Wald haufenweise deponiert, weil wir nicht mal Container oder Müllautos hatten. In den Fluss, der durch das Fabrikgelände floss, wurde öfter ätzende Säure los gelassen, welche die ganze

Flora und Fauna zerstörte. Das Wasser war verseucht. In circa 20 Kilometern Entfernung, oben in den Bergen, wurde Blei gewaschen und die ganzen giftigen Substanzen in den Fluss geleitet. Da haben wir Kinder im Sommer gebadet und Fische daraus gefangen und gegessen! Es fehlte an allen Ecken und Enden an Werkzeug und Material. Alles wurde nur improvisiert. Die Technologie war uralt und es waren keine Ersatzteile vorhanden. Die Straßen, eine einzige Katastrophe, überall Löcher. Wenn etwas gemacht wurde, dann wurden sie einfach mit Sand aufgefüllt, nur Pfusch. Ohne Geld kann man nichts machen, das ist richtig. Aber für was war der Staat da? Dass die paar Schweine oben gut leben und die vielen Armen leiden sollten? Die Bosse hatten alle große Villen, eigene Kaufhäuser, konnten jederzeit ins Ausland reisen und Urlaub machen. Die hatten Geld im Ausland deponiert. Allein Ceausescu und seine Angehörige hatten Millionen von Dollar in der Schweiz geparkt; alle anderen hochrangigen Funktionäre mit Sicherheit auch. Nachdem die Armut uns quälte, war die Reisefreiheit für Normalsterbliche Mangelware. Ganz schwer und nur mit Beziehungen oder viel Geld konnte ein normaler Bürger einen Reisepass bekommen, selbst dann nur für die Einreise in den Osten. Dies war der wichtigste Grund, aus dem so viele Menschen versucht haben, illegal in den Westen zu flüchten. Mit den Deutschstämmigen, die in den Westen ausreisen wollten, machte der rumänische Staat ein gutes Geschäft. So kam Geld ins Haus, also die Deutsche Mark. Der deutsche Staat zahlte nach meinen

Kenntnissen etwa 10.000 DM pro eingereiste Person. Das „normale" Volk durfte keine Valuta, also ausländische Währung, besitzen. Die Parteivorsitzenden und ihre Verwandtschaft konnten aber in Shops mit Dollar und DM einkaufen. Das hieß Gerechtigkeit…… kommunistische Gerechtigkeit. Diese Leute hatten überall Eingang, weil sie „treue Bürger" waren. Man konnte zwar einen Reisepass am Schwarzmarkt bekommen, aber erstens war er sehr teuer und zweitens, wem sollte man vertrauen? Nicht einmal deinen Verwandten konntest du trauen, weil du nicht wusstest, ob die nicht auch als verdeckte Informanten agieren! Die Risiken, im Gefängnis zu landen und auch das Geld nie mehr zurück zu bekommen, waren viel zu groß. Ich bin 1989 nach Deutschland gekommen. Zu der Zeit gab es in Rumänien immer noch überwiegend Schwarzweiß- Fernsehen! Wie die Menschen in der ehemaligen DDR für einen Trabi, haben die Menschen in Rumänien jahrelang darauf gewartet einen Farbfernseher zu bekommen. Es kostete fünf bis sechs Monatslöhne und die Warteliste war verdammt lange. Ein schwarzweiß Fern kostete „nur" einen Monatslohn. Für mich und meine Familie gab es keine Chance einen Farbfernseher zu bekommen, weil wir keine Mitglieder in der kommunistischen Partei waren. Eigentlich hatte man auch nicht viel davon. Der Strom wurde täglich abgedreht. Mal für eine Stunde, was relativ kurz war, bis zu fünf Stunden. Wir wussten nie wann und wie lange der Strom abgeschaltet wird. In Fern lief so wie so nur Mist. Aber Not macht erfinderisch. Wir, als begabte Tüftler, haben uns große Empfangsantennen gebaut und so konnten Programme aus Jugoslawien oder Ungarn anschauen. Allerdings, verstanden wir ohne Sprachkenntnisse nicht viel davon. Kommunismus war eine Form der Unterdrückung in allen Bereichen. Ich habe schon in der Hauptschule Schwierigkeiten bekommen, weil ich nicht zu der Jungen Union gehen wollte. Bis zuletzt haben die mich ohne meine Einwilligung zum Mitglied gemacht. Ich bekam das Rote Heft und war damit auch „integriert" in der Reihe der... Idioten. So ging es mit dem Kommunismus: Entweder gehst du mit oder du bist dagegen. Später hatte ich deswegen auch Probleme auf der Arbeit. Ich kenne viele Leute, die sich zum Parteimitglied hatten wählen lassen, nur um einen Jagdschein zu bekommen. Alles lief mit Schmiergeld. Hast du nicht geschmiert, hast du nichts bekommen. Die Korruption hatte unvorstellbare Maße angenommen. Sie war gang und gäbe. Sogar im Gesundheitswesen war das ganz normal. Warst du krank und brauchtest eine Operation, hat dir der Arzt von Anfang an gesagt, wie viel es kostet, wenn es schnell und gut gehen soll. Nur bei Unfällen war kein Geld im Spiel, weil da alles schnell gehen musste und die Verantwortung zu groß war. Als Patient wurdest du wie ein Objekt behandelt. Wenn du nichts gegeben hast, hat der Arzt dich nicht mal untersucht. An die Hygiene in Krankenhäusern, Polikliniken oder Schulen will ich mich gar nicht erinnern. Die Gebäude waren marode, alles uralt, mit Asbest gebaut, Schmutz und Gestank. Über den katastrophalen Zustand der Toiletten will ich gar nichts erzählen, weil mir schlecht wird. Die Betten in den Krankenhäusern hatten Unterlagen aus Filz, unmöglich darauf erholt aufzuwachen. Wie konnten die Patienten gesund werden in solchen „Gesundheitshäusern"? Kein Wunder, dass die Sterberate im Osten viel größer als im Westen war. Die Ausrüstung war auf dem Stand von Ende der fünfziger Jahre und blieb so bis Ende der achtziger! Überall ging es mit schmieren. Ich kann mich an eine Geschichte auf der Arbeit erinnern. So wie hier in Deutschland Kirchweih gefeiert wird, so wurde auch in Rumänien gefeiert. Dort heißt das Fest „Ruga." Ich wollte unbedingt hingehen, aber da es unter der Woche stattfand, musste ich am nächsten Morgen auf der Arbeit sein. Die ganze Nacht in der Disco feiern, dann früh auf die Arbeit gehen, dass macht doch keinen Spaß mehr. Also bat ich den Meister um ein Gespräch.

„Herr Meister, ich brauch' morgen frei."
„Wieso? Aaa, du willst zum Fest gehen, oder?"
„Sie sagen es!"
„Und was springt für mich raus? Hast was dabei?"
„No klar Chef. Da habe ich etwas zum gurgeln, gegen Halsschmerzen". Ich gab ihm die Flasche mit Schnaps, in Zeitung eingewickelt.
„Na gut. Also, morgen hast du frei" sagte er und grinste mit glücklich an.
„Alles klar, Chef. Vielen Dank."
So ging alles reibungslos über die Bühne. Ein Geben und ein Nehmen. Im Gegensatz zur Kirchweih in Deutschland, wo man selber für Essen und Trinken sorgen muss (und alles immer teurer wird),

wurde man in Rumänien von Verwandten oder Bekannten nach Hause eingeladen und bekam zu Essen und Trinken umsonst! Bis 23:00 Uhr war die Feier bei gutem Wetter draußen auf dem Festplatz mit Tanz und Volksmusik. Im Gebäude des Rathauses war die Disco für die Jugend. Zwischen 23:30 Uhr und 1:00 Uhr war Brotzeitpause. Die meisten gingen nach Hause, um zu speisen und danach wieder richtig abzufeiern.

Über den Zustand der Fabrik, in der ich gearbeitet habe, kann ich auch was erzählen. So weit ich mich noch erinnere, haben wir in der Schule etwas über den Aufstand des Arbeiters in irgendeiner großen Fabrik in der Hauptstadt Rumänien, Bukarest, 1933 gelernt. Damals, so wurde uns erzählt, bedienten sich die Kapitalisten und die Fabrikbesitzer der Polizei und der Armee, um die Streiks zu beenden. Es soll eine blutige Auseinandersetzung gewesen sein, in der ein Arbeiter sein Leben geopfert hatte, um die Fabriksirene zu ziehen und das Signal für den Streik zu geben. Dieser Mensch wurde als Held gefeiert, und seitdem wurden viele Fabriken mit so einer Sirene ausgestattet. Sie beruhte auf dem Prinzip einer mit Dampf betriebenen Schiffssirene. Stellen Sie sich vor, jeden Tag, früh um 7:00 Uhr, mittags um 15:00 Uhr und abends um 23:00 Uhr, auch am Wochenende oder Feiertag (weil rund um die Uhr gearbeitet wurde wegen der Auslastung der Öfen), gab diese verdammte Sirene das Signal. Eine Minute lang. Am Sonntag früh, um 7:00 Uhr, war es „wunderbar" die Sirene zu hören und aufzuwachen. Ich habe sie gehasst! Nach dem Signal war

die Schicht zu Ende und erst dann durften die Arbeiter das Fabrikgelände verlassen. Die Hallen waren marode, und wenn Fenster zu Bruch gingen, wurden sie mit Blech ersetzt. Alles wurde nur dann neu gestrichen, wenn eine Delegation von oben vorbeikam. Der Besuch war schon Wochen vorher angemeldet worden, so dass alles in beste Ordnung gebracht werden konnte. Außen hui, innen pfui! Jahrelang war nichts los und auf einmal ging alles schnell mit der Sauberkeit und Ordnung. Wie im Theater! An dem Tag, wenn die Bosse vorbeikamen, war schulfrei und die Schüller mussten sich auf der Straße postieren, mit sauberer Uniform, mit Blumen und Fahnen. Es war wie im Zirkus:
Auf der Straße die Löwen, seitlich die Kleintiere. Dann kamen die Bosse im Cabrio, winkten links und rechts und das war's. So weit ging die Täuschung der hochrangigen Besucher, dass die Bauern in einer Kooperative, deren Apfelernte mager ausgefallen war, Äpfel von einem anderen Landkreis besorgten und mit Draht in den Bäumen befestigten. So retteten sich die Chefs der Kooperative vorm Rausschmiss. Zum Kotzen, oder? Aber man muss erst einmal auf so eine Idee kommen! Diese Idioten von Kommunisten haben uns dort getroffen, wo es am meisten weh tut: bei den Lebensmitteln. Alles war rationiert. Jeden Tag in der Reihe stehen für irgendein Produkt. Wir mussten aufpassen, wann der Lieferwagen kommt und schnell reagieren. Es war wie bei den Affen. Wenn einer etwas gerochen oder gesehen hatte, gab er ein Signal und alle liefen in diese Richtung. Schieben und Streiten für ein

Kilo Zucker oder einen Liter stinkendes Öl. Das war Stressabbau. Lächerlich, aber wahr. Wir Kinder waren glücklich, wenn wir ein Stück gesalzenes Fettbrot mit Tomaten oder Paprika im Sommer gegessen haben! Fragen Sie die alten Leute, die wissen es noch. Genau so war es nach dem Krieg. Meine arme Oma! Mit 70 Jahren und einer Silberplatte im linken Fuß, musste sie sich auch an diesem täglichen „Krieg" beteiligen. Aber das alles hatte auch eine gute Seite. Hier konnte man alles erfahren, wer mit wem, alle Neuigkeiten eben. So war auch eine gewisse Verbindung zwischen den Menschen vorhanden. Am Anfang jeden Monats wurden Lebensmittelkarten verteilt und wir mussten schauen, wie wir über die Runden kommen. Für Benzin bekamen wir Tickets mit monatlicher Quote. Die betrug 30 bis 40 Liter pro PKW…. im MONAT! Das reichte gerade mal für ca. 500 Kilometer. So kann man Umweltschutz betreiben, oder? An einem Sonntag konnten die Autos mit geraden Kennzeichen fahren, am nächsten Sonntag Autos mit ungeraden Kennzeichen. Meines Wissens war hierzulande in den Siebzigern so etwas auch und die Autobahnen waren wie leergefegt. Aber nur für kurze Zeit. Für die 40 Liter Benzin mussten wir uns in die Reihe stellen und den Fahrzeugschein zur Hand haben. Keiner wusste Bescheid, ob und wann es Benzin gibt. Jeder konnte Falschalarm geben und schon war Bewegung bei der Tankstelle. Wir hatten nur eine Tankstelle für mindestens 500 Autos auf einem Radius von zwanzig Kilometern. Wer Glück hatte, bekam seine Ration, wer nicht, musste kommen wenn Benzin wieder verfügbar war. Der Tankwart hatte es gut. Er machte gute Geschäfte, weil er sich immer Reserve verschaffte und damit seine Beziehungen erhalten konnte. In den großen Tanks war mit Sicherheit auch ein beachtlicher Teil Wasser, weil viele Fahrer über Motorprobleme geklagt haben dass die Benzinfilter voller Wasser waren. Man konnte sich aber nirgendwo beschweren, weil der Tankwart mit allen Bossen gut befreundet war. Wir, normale Bürger, durften nicht Benzin in die Kanister füllen, aber die Polizisten und Parteifunktionäre gingen direkt vorne an die Pumpe, machten die Kanister voll und weg waren sie! Die brauchten keine Tickets und hatten auch keine Skrupel sich das zu holen, was sie angeblich auch verdient hatten. Wir mussten schlucken und warten.

In den Läden gab es nichts anderes zu essen als Bohnen in Gläsern und Fischkonserven. Die Regale waren voll, aber nur mit diesen zwei Sortimenten. Nur in den Regionen, in denen Kohle abgebaut wurde, bei den Kumpels, konnte man noch Fleisch oder Milchprodukte ab und zu finden. Eine Sorte Schwarzbrot und das war's! Auf Tickets waren auch die Alimente für einen ganzen Monat. Pro Person bekamen wir: Ein Kilo Zucker, einen Liter Öl, ein Kilogramm Mehl, 10 Hühnereier und eine halbe Packung Butter im Monat! Das ist kein Scherz. Dreißig Tage mussten wir mit dieser Ration zurechtkommen. Auf der monatlichen Familienkarte wurde von dem Verkaufspersonal abgestempelt, dass man Ware bekommen hatte und wie viel davon. Also wir, fünf Personen, mussten mit fünf Litern Öl, fünf

Kilo Zucker, 50 Eiern, fünf Kilo Mehl und zweieinhalb Butterpackungen einen ganzen Monat lang zurecht kommen! Hatte man alles am Anfang des Monats bekommen und schnell verbraucht, dann hatte man Pech gehabt. Nur mit Vitamin B, Bekannten oder Bestechung, konnte man, vielleicht, noch etwas zusätzlich bekommen. Von November bis Mai war kein frisches Gemüse zu finden außer Kartoffeln, Kraut, Karotten und Petersilie. Die waren aber nach zwei Monaten auch nicht mehr gerade frisch. Von Oktober bis Mai mussten wir warten, bis wir wieder frische Tomaten oder Paprika auf dem Markt zu kaufen bekamen. Auf dem Markt war die Ware von den Bauern gut, aber in den Läden war sie von schlechter Qualität. Die Verkäufer haben das Beste zu Seite getan und die Reste waren für die anderen. In den Wintermonaten, kurz vor Weihnachten, kamen Orangen. Die Rationen waren wieder knapp und wenn es Bananen gab, dann war die Hölle los. Ein wahrer Kampf, mit verstauchten Gliedern, Schimpferei und zerrissenen Klamotten. Kämpfen wie die Affen für ein Kilogramm Bananen! Und wenn man das Glück hatte ein paar zu bekommen, natürlich grün, dann haben wir sie auf den Schrank zum Reifwerden gelegt. Mit wie viel Genuss habe ich sie gegessen. Das kann ich niemals vergessen! Wir alle mussten freiwillige arbeit leisten. Jeder wurde in eine Liste eingetragen und musste „freiwillig" etwas für die Stadt tun. Konkret:
Die Strasse saubermachen, den Müll sammeln, die Bäume pflegen und andere Sachen weil die Kommune kein Geld hatte. Wenn die Norm von 5 tage

im Monat nicht eingehalten wurde, kamen die Konsequenten: Es gab kein Benzin Ticket oder sogar Geldstraffe! Dieses verdammte Regime hat uns alle zu Räubern und Betrügern gemacht. Auf das Hauptbürogebäude der Fabrik hatte die Direktion einen Slogan hingehängt. Er war dazu gedacht uns als Arbeiter zu motivieren. Es hat geheißen:
„Unsere Fabrik ist unser Zuhause."
Wir haben es so interpretiert: Wenn es unser Zuhause ist, dann können wir uns bedienen von allem, was wir brauchen. Und so klauten wir alle, was das Zeug hielt. Ohne Ausnahmen. Wer es nicht gemacht hatte, war ein Trottel.
Es war in vielerlei Hinsicht „zum Kotzen", meistens für die junge Generation. Über den Knast kann ich auch etwas erzählen, weil ich das Leben dort an meinem eigenen Leib erfahren habe. Darüber habe ich in meinem anderen Buch „Schattenreich und Paradies" geschrieben. Offiziell gab es in Rumänien keine Arbeitslose. Für jeden Bürger war ein Arbeitsplatz vorhanden. Wer nicht arbeiten wollte, der landete im Knast. Bei jeder Gelegenheit wurde der Kapitalismus negativ dargestellt. Uns wurde klar gemacht, dass es Menschen ohne Arbeit nur im Westen gibt, weil keiner der Reichen sich für die Armen interessiert. In Rumänien war der Samstag ein normaler Arbeitstag. Die einzigen Feiertage waren der 1. Mai, der 23. und 24. August und Silvester. Bis zum 22. August 1944 haben die Rumänen im zweiten Weltkrieg Seite an Seite mit den Deutschen unter der Führung Hitlers gekämpft. Am 23. August haben die Kommunisten die Waffen gegen

Hitler erhoben. Seitdem waren diese zwei Tage, der 23. und 24. August, nationale Feiertage. So haben wir es in der Schule gelernt. Aber da wurde mit Absicht vergessen, dass der König Mihai bei dem ganzen Geschehen auch seinen Teil dazu beigetragen und die Papiere unterschrieben hat! Mit dem Fall Ceausescus im Dezember 1989 wurden diese Feiertage jedoch abgeschafft. Dieser Mann war nur eine Marionette, die aus Russland gesteuert war. Ich will ihm nicht zur Seite stehen, aber er konnte auch nicht alles alleine regeln und wenn die anderen ihn angelogen haben, konnte er es auch nicht prüfen. Oder vielleicht wusste er alles und wollte es nicht prüfen. Warum auch immer? Ihm und seinen Verwandten ging es gut. Alle waren in irgendeiner hochrangigen Funktion, so dass er über alles Kontrolle hatte. Es war aber nicht richtig, dass er seine ganze Verwandtschaft in die wichtigsten Funktionen gebracht hatte. Seinem Beispiel folgten die anderen Funktionäre und so bildete jeder seinen eigenen Klan. Man darf nicht vergessen, dass der Fisch vom Kopf an zu stinken beginnt. So, und damit konnten Sie sich eine Meinung bilden wie andere Menschen gelebt haben. Ich bin realistisch und weiß, dass es anderen noch schlechter ging, damals wie heute. Ich kann aber nur aus meinen eigenen Erlebnissen schildern, wie es mir ergangen ist. Es ist alles wahr und keine Fantasie. Dafür stehe ich gerade und Zeugen habe ich unendlich viele. Nach all dem, was ich Ihnen bis jetzt erzählt habe, konnten Sie sich einen kleinen Überblick über das Leben im Kommunismus machen. Wie sollte ich dieses Regime nicht hassen, wenn ich überall auf meinem Weg ins Leben ausgebremst wurde! Deswegen habe ich mich für die Flucht entschieden. Im nächsten Kapitel geht es um ein anderes Thema. Es geht um meinen ersten Ausflug.

Der erste Ausflug

Meine Eltern haben schon früh gemerkt, dass ich ein abenteuerlustiger Kerl war. Dieser Drang, frei zu sein, war schon als Kleinkind bei mir sehr ausgeprägt. Ich war durch und durch ein Straßenkind, das ganze Jahr lang. Bei jeder Gelegenheit, die ich erwischt habe, bin ich von zu Hause abgehauen auch weil ständig etwas zu tun gab. Ich brauchte meine Freiheit. Es war in der dritten Klasse an einem wunderschönen Sonntag im Oktober. Meine Eltern erlaubten mir in die 10-UhrVorstellung des Kinos zu gehen. Es war relativ weit weg von meinem Zuhause entfernt (circa einen Kilometer). Für einen tapferen Jungen wie ich aber kein Problem. Also verabschiedete ich mich von den Eltern und versprach, bis zum Mittagessen wieder zurück zu sein. Vor die Kinogebäude traf ich einen Klassenkameraden der schien jemanden zu erwarten.
„Hei Denis, wie geht's dir?"
„Ganz gut Dani. Und dir?"
„Ich gehe im Kino und danach Zuhause zum Mittagessen. Aber sag mal, was hast du da in der Tasche?" fragte ich neugierig.
„Meine Brotzeit."

„Wieso Brotzeit, Denis? Gehst du in die Schule oder was? Heute ist doch Sonntag."
„Nein, nein. Wir machen einen Ausflug nach Sarmizegetusa zu den römischen Ruinen. Weißt du nicht, dass wir heute einen Ausflug mit der Klasse machen? Wir fahren mit dem Spezialzug. Es wird bestimmt toll sein! Hast du dich nicht angemeldet?"
„Nöö. Aber, eigentlich kann ich mitkommen. Na klar, warum nicht!"
„Na dann sollten wir uns beeilen, weil der Zug gleich da ist" sagte Denis. Und so begann überraschend meine erste Entdeckung des römischen Reiches und damit, das erste große Abenteuer meines Lebens. Der Bahnhof war nur fünf Minuten vom Kino entfernt. Also ab zum Bahnhof. Wir stiegen in den Zug ein und der fuhr in Richtung römische Ruinen. Weil ein Teil Strecke sehr steil für eine schwache Dampfgetriebene Lok war, wurde eine spezielle Konstruktion gebaut. Die Lok hatte auf der vorderen Achse mittig noch ein Hilfsrad. Auf dem steilsten Teil der Strecke, haben die „Kapitalisten", in den dreißiger Jahren, zwischen den Hauptschienen, eine zusätzliche Hilfsschiene mit Zähnen gebaut. Heute soll es in der Schweiz und Österreich noch so etwas geben für deren Spezialzüge in den Bergen. Mit diesem Zug war es ein „Vergnüggen" zu fahren. Die Sitze waren zerschnitten und mit Löchern übersät, die Zigarettenkippen auf dem Boden verstreut und es roch wie in einer Kneipe. Man wurde in mehrere Richtungen regelrecht hin und her geschleudert. Mit dem offenen Fenster zu fahren war reiner Selbstmord. Die Luft konnte man gar nicht

einatmen, weil Partikel der Kohle überall flogen. Die Lock war ein wahrer Luftverpester. Mit dabei waren, als Begleitung, auch einige Eltern und ich als blinder Passagier. Ich hatte kein Fahrticket, war schrecklich hungrig und hatte kaum Geld. Dann kam auch noch eine Fahrkartenkontrolle. Was sollte jetzt mit mir geschehen? Normalerweise hätte ich bei der nächsten Station aussteigen müssen. Zum Glück bezahlte die Mutter einer Klassenkameradin für mich. Nach zwei Stunden Fahrt sind wir endlich am Ziel angekommen. Als Inkognito-Ausreißer war ich überhaupt nicht vorbereitet. Es war eine spontane Entscheidung. Meine Eltern wussten nichts von meinen Ausflug so dass ich ohne Brotzeit und mit wenig Geld abgereist bin. Nachdem wir die Ruine besichtigt haben setzten wir uns hin zum Essen. Weil Denis mich mitgenommen hatte, mussten er und noch ein Kumpel, Virgil, sich um mein Wohlbefinden kümmern und ihr Essen mit mir teilen. Schon damals habe ich mich ganz gut durchgeschlagen. Irgendwann geht leider auch der schönste Ausflugstag zu Ende. Es wurde langsam dunkel und wir marschierten Richtung Bahnhof. Von dort ging es mit dem Zug wieder nach Hause. Die ganze Zeit habe ich mir gar keine Gedanken über meine Eltern gemacht. Für mich war alles in Ordnung. Ich fühlte mich wohl. Um 22:00 Uhr kam der Zug am Bahnhof in Ferdinand an. Auf dem Bahngleis warteten die Eltern auf ihre braven Kinder. Unter ihnen waren auch meine Eltern. Ich stieg aus. Die Begegnung von Mutter Seite war sehr euphorisch:

„Ah, Kind! Du bist hier! Endlich wieder da!"

Sie nahm mich in den Armen und hat mich geküsst, als ob wir uns schon seit Monaten nicht mehr gesehen hätten. Ich war ganz überrascht von ihrer Reaktion. Nach ein paar Jahren habe ich verstanden, was meine Familie durchgemacht hat. Auf der Suche nach mir, traf mein Vater, Virgils Vater und fragte diesen, ob er mich nicht gesehen hätte. Dieser antwortete, dass Virgil um 10:00 Uhr früh mit der Klasse einen Ausflug zu den römischen Ruinen gemacht habe. Es war für meinen Vater ein kleiner Lichtblick in dem Tunnel der Ungewissheit. Alle hofften, dass ich auch dabei bin. Deswegen waren auch meine Eltern am Bahnhof. Auf dem Bahngleis war auch die Schuldirektorin. Irgendwie hatte sie erfahren, dass ich verschwunden war und nach dem Wiedersehen mit meinen Eltern sagte sie:
„So eine Schande für unsere Schule. Und jetzt küssen Sie ihn auch noch, statt ihm ein paar zu wischen." Seit diesem Moment hatte ich sie wie die Pest gehasst! Nach diesem ganzen Wirrwarr war ich froh, dass alles glimpflich ausgegangen ist und ich keine Prügel bekommen hatte. Ende gut, alles gut. Am nächsten Tag wartete auf mich aber eine kleine Überraschung…...
Mein Lehrer, ein Bär von 1,85 Meter groß und über 100 Kilo schwer, packte mich an den Ohren und zog so stark daran, dass beide geblutet haben.
„Du Idiot. Wie konntest du mir das antun? Du meldest dich nicht an, bezahlst nicht und gehst einfach so mit! Willst du, dass ich für dich im Gefängnis lande?"

Und dann gab es noch eine Backpfeife! Ich war wie betäubt. Die Lehrer hatten damals noch freie Hand und durften mit uns machen, was sie wollten. Schlagen war selbstverständlich. Das war also mein erster Ausflug in die schöne weite Welt. Was es bedeutet, wenn das eigene Kind so was macht, habe ich 30 Jahre später, am eigenen Leib erfahren. Das muss ich unbedingt erzählen. Wir wohnten in Miete. Ein Haus. Unten Garage, oben Wohnung. Meine Tochter besuchte damals den Kindergarten. Ich war selbständig mit einer kleinen Wäscherei. Es war ein wenig zu früh für den Kindergarten. Um 8:00 Uhr weckte ich sie auf und sagte zu ihr:
„Schatz, ich muss Wäsche liefern. Du gehst jetzt ins Bad und ziehst dich langsam an. Ich bin gleich wieder zurück und dann fahren wir in den Kindergarten." Also steige ich ins Auto, liefere die Wäsche ab und komme nach circa zehn Minuten wieder nach Hause. Will die Kleine abholen, aber sie antwortete nicht. Meine Tochter war wie vom Erdboden verschluckt! Ich war wie in Trance. Wie ein Verrückter bin ich hin und her gelaufen und suchte sie. Sie war nicht da! Klar, dass man sich Gedanken macht, weil es genug Beispiele von Kindesentführung gibt. Bis zu der Bundesstraße waren es nur 30 Meter! Mir wurde schlecht von dem Gedanken, dass irgend so ein Idiot meine Tochter entführt haben könnte. Es waren doch nur verdammte 10 Minuten! Um 9:00 Uhr hätte ich auf der Arbeit sein müssen. Damals, am Anfang meiner Selbständigkeit, waren die Einnahmen gering, so dass ich noch einen Nebenjob als Kurierfahrer machen musste. Wie sollte ich ar-

beiten gehen, wenn meine Tochter nicht zu finden ist? Ich habe meinen Chef angerufen und ihm verzweifelt erzählt, was passiert ist. Er kam vorbei und zusammen sind wir durch den ganzen Ort gefahren um sie zu suchen. Keine Spur von ihr. Dann sagte er:
„Du Daniel, wir müssen die Polizei benachrichtigen. Aber zuerst gehen wir zu deiner Frau auf die Arbeit und sagen ihr auch Bescheid."
Sie arbeitete im Altenheim. Bei dem bloßen Gedanken wurde mir schlecht. Ich Versager, konnte nicht auf unsere Tochter aufpassen! Mit einem mulmigen Gefühl im Bauch ging ich mit ins Altenheim. Wir fuhren mit dem Aufzug in den 4. Stock, wo meine Frau gearbeitet hatte. Ich stieg aus dem Aufzug, und höre eine Kinderstimme. Und wer unterhielt sich da mit den Bewohnern im Aufenthaltsraum? Meine Tochter! Na toll. Und ich hatte mich schon auf „Prügel" von meiner Frau eingestellt. Mir ist ein ganzer Berg vom Herzen gefallen! Dann habe ich meine Tochter in den Arm genommen, sie gedrückt und geküsst. Ich habe gar nicht bemerkt wie euphorisch ich war, und sie, genau wie ich damals auf den Bahnhof, schaute mich so unschuldig an, als ob gar nichts passiert wäre. Die Story war so: Sie hat mich nicht richtig verstanden weil sie noch schläfrig war. Hatte sich angezogen und weil ich nicht da war, ist sie auf die Straße gegangen, um mich zu suchen. Das Blöde war, dass ich auf einer anderen Straße nach Hause gefahren bin und wir uns nicht begegnet waren. Woher sollte ich auch wissen, dass sie einfach raus geht und nicht auf mich in der

Wohnung wartet! Auf jeden Fall ist sie bis in Zentrum der Ortschaft gegangen und hat sich vor der Kreissparkasse auf eine Steinwand gesetzt, um auf mich zu warten. Weil ich nicht mehr erschienen bin, hatte sie angefangen zu weinen. Zum Glück ging eine ältere Frau vorbei und fragte sie, was los sei und warum sie weine. Meine Kleine sagte, dass sie auf mich warte, aber ich käme nicht mehr. Dann fragte die Frau sie wie sie heißt. Sie nannte ihren Namen und wusste, dass ihre Mama im Altenheim arbeitet. So ist sie mit der Dame im Altenheim gelandet. Das gleiche hätte aber anstatt der anständigen Frau ein Kinderschänder sein können. Horrorszenario! Ich nahm meine Tochter an der Hand und ging zum Aufzug. Dort habe ich gespürt, dass meine Füße mich nicht mehr tragen. Ich musste mich hinsetzen. Der Schock kam erst verspätet. Auf die eine Seite war ich erleichtert anderseits auch fix und fertig. Danach sind wir in Kindergarten gemeinsam gegangen. Ende gut, alles gut!

Schule und musikalische Karriere

So arm wie Rumänien damals auch war, gab es dennoch eine Ganztagsbetreuung für Kinder bis drei Jahre. Danach kamen die Kinder in den Kindergarten. Ganz Früh begann die Erziehung im Sinne des Sozialismus. Wir alle hatten grüne Uniformen. Die Jungs trugen Hosen, die Mädchen weiße Strümpfe und Röcke. Ich war auch dabei und muss sagen, dass mir das nicht besonders gefallen hat. Der Kindergarten war weit weg, circa zwei Kilometer von meinem Zuhause entfernt, und ich musste zu Fuß mit Begleitung hingehen und wieder zurück. Auto, Fehlanzeige! Nach der Grundschule, in der fünften Klasse, hat die rumä- nische Regierung mit uns ein Experiment durchgeführt. Wir sollten Unisexklassen bilden, auf gut Deutsch gesagt, Klassen mit nur Jungs und Klassen mit nur Mädchen. Das Schuljahr war geteilt in drei Quartale à drei Monate. Ferien im Winter, von Weihnachten bis Dreikönig, die Osterferien, jeweils zwei Wochen, und dann vom 15. Juni bis 15. September Sommerferien. Es war wunderbar für uns Kinder, drei Monate lang ohne Schule. Nur Sonne und baden! Es war eine lange Periode ohne Schule. Aber, bevor wir in die Sommerferien entlassen wurden, bekamen wir Hausaufgaben. Die mussten wir am Anfang des neuen Schuljahres zeigen. In allen Ostblockländern war es Pflicht Schuluniformen zu tragen. So auch in Rumänien. Die Jungs hatten dunkelblaue Anzüge und Krawatten, die Mädchen blaue Röcke, ein weißes Hemd, weiße Strümpfe und die Haare wurden mit einem weißen Band zusammengebunden. Wenn die Uniform nicht diesem Standard entsprach, wurden wir wieder nach Hause geschickt. Wer gute Noten hatte und sich gut benahm, der wurde ab der dritten Klasse in die Organisation der Pioniere aufgenommen und bekam eine rote Krawatte. Diese musste man dann zu der Uniform in der Schule täglich tragen. Alles wurde feierlich organisiert. Die Eltern sind eingeladen worden, die Lehrer bekamen Blumensträuße. Da ich ein Sturkopf war und mich nicht artig benommen habe, bekam ich die rote Krawatte erst in der sechsten Klasse. Mit der roten Krawatte ging es bis zur achten Klasse, dann wurde sie bei uns Jungs von einer herkömmlichen abgelöst. Die Schuluniform blieb aber Pflicht bis zur dreizehnten Klasse. In der fünften Klasse bekam ich als Klassenleiter einen Berg von einem Mann, der bekannt war für seinen gewalttätigen Führungsstil. Er hatte als Druckmittel einen 1,20 Meter langen Stock aus Holz. Damit hat er uns verschiedene Sachen an der Tafel gezeigt, aber er hatte ihn auch als Bestrafungsmittel eingesetzt. Wer in der Stunde nicht ruhig war oder Dummheiten beging, wurde in die Nähe des Indikators gerufen und bekam die Gewalt dieses Monsters auf seinen Handflächen zu spüren. Es gab eine gewisse Konkurrenz in der Klasse, da wir nur Jungs waren. Jeder wollte beweisen, dass er der tollste ist. Ich muss sagen, dass ich kein schlechter Schüler war. Intelligenz war bei mir vorhanden, vielleicht zu viel für so eine Klasse. Aber die Bequemlichkeit und der negativen Umfeld, hat diese unterdrückt. Im Kommunismus hattest du Beziehungen, Geld oder Naturprodukte, lief alles glatt. Wer kein Vitamin B besaß, hatte Pech gehabt. Die Bauern hatten Naturprodukte so dass sie es leichter in der Schule hatten und bessere Noten bekamen. Viele Lehrer haben sich schmieren lassen. Jeder versuchte sein Leben zu verbessern, egal mit welchen Mitteln. Wir hatten kein Land und waren arm. Dadurch war ich auf der Abschussliste. Als Schüler hatten wir ein Notenheft, in dem alle Noten eingetragen wurden. Denn mussten wir unseren Eltern zeigen und dann mit deren Unterschrift zur

Kontrolle in der Schule zurückbringen. Eines Tages war ich mit der Benotung in einem Fach nicht einverstanden. Und weil ich wütend war, warf ich mein Notenheft auf den Boden und habe es mit den Füßen getreten. Leider hatte ich Pech, weil mein Klassenlehrer - dieses Monster - gerade in dem Moment in meine Richtung sah und mich zu sich rief. Ich ahnte, dass das jetzt gefährlich werden würde.

„Hallo, Herr Student, komm kurz bei mir nach vorne. Was hast du da gerade gemacht? Hast du etwa dein Notenheft getreten?"

„Ja, Herr Professor, habe den Notenheft getreten!"

„Aber wieso machst du so was?"

„Weil mir die Note nicht passt! Es hätte mindestens ein punkt mehr sein soll" antwortete ich frech.

„Woher weist du das? Bist du hier der Lehrer oder ich? Weist du was? Zeig mal die Innenseite deiner rechten Hand an. Hast du dich heute richtig gewaschen?"

Ich ahnte, was auf mich zukam. Der Indikator lag schon in der rechten Hand des Diktators bereit. Ich erhob die Hand und wartete ängstlich darauf, dass er zuschlägt.

„Na ja, so sauber ist sie auch nicht. Das muss sich ändern gleich" sagte er nachdem er sich die Handfläche sich angeschaut hat. Dann schlug er mit dem Prügelstock in Richtung meiner Hand. Ich war schneller und Reflexartig zog ich die Hand zurück. Er schlug volles Rohr daneben. Alle Kollegen fingen an zu lachen, inklusive ich. Der Lehrer lief rot im Gesicht und sagte:

„Wenn du das noch einmal machst, dann ziehe ich dir die Hose runter und versohle dir hier vor der ganzen Klasse den Hintern! Wie oft hast du das Heft getreten?"
„Vier Mal, Herr Professor."
„Gut. Das macht dann vier Schläge. Für jeden Tritt aufs Notenheft bekommst du einen von mir, so dass du in Zukunft nie mehr auf solche Ideen kommst." Ich zog die Hand nicht mehr und er schlug mit voller Wucht. Zwei Mal auf die rechte, und zwei Mal auf die linke Hand. Aus mir ist kein Ton raus gekommen nur die Trennen sind mir auf die Wange gekullert. Ein Paar Tage lang konnte ich nur mit großer Mühe einen Löffel mit der Hand halten. Die Innenseiten meiner beiden Hände waren blau und geschwollen wie ein Kropf. Seit diesem Erlebnis stand ich auf der schwarzen Liste. Eine andere schöne Geschichte fand einige Jahre später statt. Es war in der siebten Klasse kurz vor den Sommerferien. Wir hatten Nachmittagsunterricht und ich hatte darauf keine Lust. Die Schule begann um 13:00 Uhr. Die ersten zwei Stunden hatten wir Mathematik. Es war Anfang Juni, 27 Grad, blaues Himmel. Wetter zum Baden gehen und nicht zum Lernen. Zu fünft haben uns entschieden den Matheunterricht zu schwänzen. Also, ab zum Baden. Die Stelle war nicht weit von der Schule entfernt, so um die zehn Minuten. Nachdem wir uns ein wenig abgekühlt hatten kamen wir auf die Idee, wieder in die Schule zurückzugehen. Diese Entscheidung hatten wir getroffen, weil wir in der dritten Stunde Bio hatten mit einem Lehrer der streng war.

Wir hatten Angst vor ihm, aber haben gar nicht daran gedacht, welchen Fehler wir begehen. Die Mathelehrerin war doch nicht so dumm, wie wir gedacht hatten. Sie schrieb mit roter Tinte unser Fehlen in den Katalog, so dass jeder Lehrer wusste, dass wir ohne Entschuldigung gefehlt hatten. In der nächsten Mathestunde wurden wir alle fünf vorne an die Tafel gerufen und abgefragt. Für mich war alles einfach, weil ich gelernt hatte, aber die anderen hatten damit nicht gerechnet und nicht gelernt. Alle vier sind sitzen geblieben und mussten Herbstklausur schreiben. Später, im Gymnasium, hatte ich wieder das „Vergnügen" gehabt ein Experiment der Kommunisten zu sein. 1973 begann die Ära des Industriegymnasiums. Wir waren damals die ersten, die Praktika in der Fabrik und Theorie in der Schule hatten. Es war also im Endeffekt eine Mischung aus Gymnasium und Betriebsausbildung. Ich habe diese Schule mit Abitur absolviert und gleichzeitig als Beruf, Elektriker gelernt. Eine lustige Geschichte fällt mir gerade ein. In der elften Klasse hatten wir als Muttersprache Rumänisch. Mit den Noten war ich schon im oberen Bereich, so dass ich im zweiten Trimester zum Lernen keine Lust mehr hatte. Genau so wie in Deutschland mussten wir in den wichtigsten Fächern Schulaufgaben schreiben. Irgendwann kam auch die Schulaufgabe in Rumänisch. Damals habe ich nicht gelernt, sondern mir nur Spickzettel gemacht. Nach circa dreißig Minuten Katz- und Maus-Spiel, hatte ich verloren und der Lehrer hatte mich erwischt. Er nahm mir meine Arbeit ab und schmiss mich raus. Weil ich gespickt hatte, bekam ich die Note 3, was hier der 5 entspricht. Das machte mir aber nichts aus, weil ich bis dahin nur gute Noten bekommen hatte. Im nächsten Trimester schoss mir eine witzige Idee durch den Kopf. Wir hatten wieder eine Schulaufgabe in Rumänisch und ich wollte meinen Lehrer ärgern. Diesmal bereitete ich mich gründlich vor. Nach circa 30 Minuten war ich fertig. Dann tat ich so, als ob ich wieder einen Spickzettel in der Tasche hätte und steckte ständig und provokativ die Hand hinein, so dass der Lehrer es auch sehen konnte. Sofort kam er zu mir und nahm aus meiner Anzugtasche den Zettel heraus. Meine Klassenkameraden waren ganz aufmerksam und wie gelähmt. Es herrschte eine gespenstische Ruhe. Der Lehrer las der Klasse vor, was auf dem Zettel stand: „Lieber Herr Professor, dieses Mal haben Sie mich leider nicht erwischt." In dem Moment fing die ganze Klasse zu lachen an und der arme Professor wurde knallrot im Gesicht. Man muss Ideen haben, sie aber auch in die Praxis umsetzen können, oder? Seitdem war ich der Held der Klasse! 2008 hatte ich Jubiläum, 30 Jahre Klassentreffen. Die Kollegen sprachen mich auf dieses Thema an, und wir lachten alle darüber. Schöne Zeiten, die 70 er! Und auch gute Musik: Rockmusik! Sie war damals in vollem Gange. Fast jeder hatte sein Idol aus diesen einzigartigen Rockgruppen. Obwohl es uns verboten war, Musik aus dem Westen zu hören, haben wir dagegen gehalten. Die einzige Möglichkeit für Normalsterbliche gute Musik zu hören war das Radio. Jeden Abend, auf Kurzwelle, hat der Sender „Freies

Europa" mit Sitz in München für den Ostblock gesendet. Nachrichten und Musik. Am Sonntag wurden fünf Stunden lang auch Musikwünsche erfüllt. Diese wurden mit der Post oder durch Verwandte und Freunde nach Deutschland geschickt. Nach dem Gesetz war das ein Verbrechen. Ich erinnere mich, dass einer meiner Klassenkameraden für drei Tage vom Unterricht ausgeschlossen wurde, weil er dem Sender geschrieben hatte und die Securitate ihm auf die Schliche gekommen war. Und damit Sie von dem ganzen Geschehen einen noch besseren Überblick bekommen, wie wir damals gefeiert und gelebt haben, muss ich ihnen noch mehr im Detail berichten. 1975 war ich in der zehnten Klasse. Im Herbst, am 25. und 26. Oktober, war ein Fest (Ruga) in einem Dorf etwa fünfzehn Kilometer von meinem Wohnort entfernt. In unserer Klasse hatten wir auch einen Schüler, der in diesem Dorf wohnte. Da war es selbstverständlich, dass wir, Klassenkameraden, hingehen. Jeder war willkommen und wurde gut bewirtet. Aber dass es so extrem werden würde, konnte man nicht ahnen. Alles war gut und schön bis wir zum Essen erschienen sind. Wir waren fünfzehn Schüler und fünf Lehrer. Stellen Sie sich das einmal vor! Sein Haus war zwar ziemlich groß, aber so groß dann doch nicht. Irgendwie haben wir uns auf die Bänke gequetscht und haben alle Platz gehabt. Es gab mit Sicherheit zwischen ihm und seinen Eltern Diskussionen über dieses Thema, weil seine Verwandtschaft keinen Platz mehr hatte und in der Sommerküche essen musste - also draußen. Aber wenn Lehrer dabei waren, konnte man uns nicht einfach rausschmeißen ohne sich zu blamieren. Um Mitternacht war Tanzen angesagt. Damals war Discomusik noch nicht so in Mode, sondern Rock und Balladen. Gruppen wie Deep Purple, Led Zeppelin, Kiss, Uriah Heep und andere haben uns das Leben ein wenig versüßt. Unser Berufschullehrer und unsere Klassenleiterin waren auch dabei. Der Berufschullehrer war nur circa 1,65 Meter groß, aber flink. Er trank wie ein Weltmeister Schnaps, und nach etwa einer Stunde war er besoffen und frech. Die arme Klassenleiterin bekam Schwierigkeiten mit ihm. Er wollte unbedingt etwas von ihr und weil sie sich weigerte, schüttete er ihr ein ganzes Glas voller Schnaps in die Haare. Wir mussten ihn beruhigen und sind zu viert mit ihm an die frische Luft gegangen, danach in der Disco. Wenn die Musik lief gingen die Lichter aus und blieb nur die Kugel in Mitte des Saals leuchtend. Als der Song zu Ende war und die Lichter wieder angingen, sahen wir, dass unser Meister und ein anderer Mann miteinander stritten. Die Situation drohte zu eskalieren. Wir sprangen alle auf und lösten den armen Mann. Der Meister wollte auch tanzen. Aber in der Dunkelheit und so besoffen wie er war, konnte er nicht mehr unterscheiden, wem er eingeladen hat, Frau oder Man. In Wirklichkeit war es ein Mann gewesen, und dieser wollte nicht mit ihm tanzen. Da sind dem Meister die Sicherungen durchgebrannt. Nur mit großer Mühe konnten wir ihn endlich beruhigen. Nach diesem ganzen Tumult erkannte ich den anderen Mann als Vater einer ehemaligen Schulkollegin von mir und sprach ihn an. Er war so dankbar gewesen für unsere Hilfe, dass er uns eine Runde Bier spendierte. Das war für uns die Krönung! Um circa vier Uhr früh kamen wir alle müde zurück vom Tanzen inklusive unser Kampfhahn der Meister. Weil bis zehn Uhr morgens kein Zug vorbei kam, legten wir uns alle in einem Zimmer hin. Schlafen? Von wegen! Zwölf Jungs in einem Zimmer! Alle Betten und auch der Fußboden waren belegt. Gott sein Dank war es einigermaßen warm in diesem Zimmer. Irgendwann fragte einer von uns, wo unser Deutschlehrer, Franz, geblieben sei. Keiner wusste über ihn Bescheid und keiner hatte ihn gesehen. Voller Sorge machten wir uns auf die Suche nach ihm. Ende Oktober sind die Nächte gar nicht so angenehm. In dem Zimmer, in dem wir uns aufhielten, war der Kamin geheizt, aber der Rest des Hauses war kalt. Später fanden wir Franz im Tiefschlaf, ganz blau angelaufen auf dem Fußboden in einem unbeheizten Raum. Sofort haben wir ihn wie einen Kadaver in den beheizten Raum transportiert, aufs Bett gesetzt und gut eingewickelt. Nach ein paar Stunden wachte er auf, aber was mit ihm geschehen war, davon hatte er keine Ahnung. Der Schnaps war Schuld! Weil am nächsten Tag Sonntag war, feierten wir weiter mit Musik, Schnaps und Polenta (gekochtes Maismehl) mit Schafskäse und Zwiebeln. Es war ein Genuss. Nach dem Essen sind wir nach draußen auf die Straße gegangen, haben die Musik laut gedreht und getanzt. Was für schöne Zeiten! Bei dem Klassentreffen in 2008 fragte ich den ehemaliger Gastgeber:

„Mensch, sag du, wie war es damals so für dich? Was haben deine Eltern gesagt, als wir so zahlreich erschienen sind? Und wie habt ihr das mit dem Essen gemacht? Ich kann mir schon vorstellen, dass ihr vorbereitet ward, aber mit Sicherheit nicht für so viele hungrige Verrückte!"

„Ah Daniel, du hast schon recht, aber keine Ahnung, was du gegessen hast!" sagte er lächelnd zu mir. Meine Mutter fragte mich damals: Woher sind die alle hergekommen Mensch! Was machen wir jetzt? Wir haben gar keine Suppe mehr!" Und ich hab geantwortet:

„Dann tu doch noch etwas Wasser und Salz rein, ein Paar Nudeln und lass es kochen. Die meisten sind betrunken und merken sowieso nichts mehr!" Und so konnten wir unseren Hunger und Durst stillen. Klar, dass nach ein paar Gläsern Schnaps auf nüchternem Magen man gar nicht mehr unterscheiden konnte, ob sie Suppe verdünnt war oder nicht. Hauptsache, es war warm und der Magen voll. Einfach schön…. Wenn der Frühling kam, organisierte unsere Klasse Sonntagsausflüge in den Wald. Den Rucksack geschultert und nach ein Paar Kilometern Fußmarsch waren wir an unserem Ziel. Eine Traumkulisse wartete auf uns: Es war wie im Märchen, alles weiß, voller Schneeglöckchen. Wir waren alle hungrig und haben dann am Lagerfeuer auf selbst gemachten Spießen Zwiebeln, Wurst und Speck gebraten. Jetzt werde ich melancholisch. Es war so schön. Mitten in der Natur, im Frühling! Meine „Musikkarriere" begann schon mit sechs Jahre auf die Musikschule. Ich lernte Geige. Nach der

Schule musste ich zum Nachmittagsunterricht in die Musikschule. Leider war nicht meine Traumbeschäftigung. Ich brauchte Freiheit und Abwechslung und nicht langweilige Geigenübungen. Nach fünf Jahren hatte ich die Schnauze voll und machte nicht mehr weiter. Später habe ich es bereut. Übrig geblieben sind mir das musikalische Gehör und ein wenig Talent. Später habe ich beim Militär Gitarrespielen von einem Freund gelernt. Nach drei Tagen konnte ich schon zwei Lieder spielen. Es hat mir Spaß gemacht, und ich hatte mir schon lange eine Gitarre gewünscht, aber leider war kein Geld vorhanden. Anfang der achtziger Jahre begann meine Kariere als Discjockey. Ein ehemaliger Schulkamerad von mir konnte Musik aus dem Ausland besorgen und schlug mir vor, eine Disco zu eröffnen. Auch hier war die „schützende Hand" des Kommunismus im Spiel. Alles funktionierte unter der Aufsicht der „Jungen Union". Wir hatten Öffnungszeiten von 19:00 Uhr bis 22:00 Uhr abends. Die Eintrittskarten wurden von den Kommunisten gedruckt, wir durften keine anderen verkaufen. Das Geld floss in deren Kasse. Aber, weil wir uns so an die „Schwindlerei" gewohnt hatten, kamen wir auf eine Idee, wie man Geld verdienen konnte ohne aufzufallen. Es war ganz einfach: An der Tür wurden die Karten in zwei Hälften gerissen. Eine bekam der Gast, die andere Hälfte blieb an den Kassierer. Wenn viele Besucher kamen, war alles hektisch und manche wollten nicht die halbe Karte haben. So blieb sie bei uns und wir verkauften die noch einmal. Das erwirtschaftete Geld teilten wir uns am Ende der Veranstaltung. Wie diese Disco in solchen schwierigen Verhältnissen funktionieren konnte, werde ich jetzt kurz beschreiben. Für so eine Unternehmung brauchten wir einen geeigneten Saal. Der war zum Glück vorhanden. Dieses Gebäude war über 100 Jahre alt und wurde als Kasino vor der Kommunistischen Ära genutzt. Nachher wurde es in eine Musikschule umgewandelt. In dem Erdgeschoss waren die Unterrichtszimmer, Büros und ein großer Konzertsaal. Im ersten Stock war die Hausmeisterwohnung. Keine Disco funktioniert ohne Musikanlage und Lichteffekte. Wir hatten zwei Boxen à 50 Watt! mit Verstärkern zur Verfügung. Wenn Sie ein bisschen technischen Verstand besitzen, geht Ihnen bestimmt ein Lächeln über das Gesicht. 50 Watt Boxen für 200 Quadratmeter Raum! Es war viel zu wenig. Aber weil kein Geld vorhanden war, mussten wir mit den vorhandenen Sachen zurechtkommen und improvisieren. Not macht erfinderisch, und genau das waren wir auch. Mischpult, Vorstufe, die Lichteffekte, die ganze Elektronik haben wir selber gemacht. Verschiedene Farblampen und kleine Birnen haben wir in unzähligen Stunden und mit viel Mühe zusammengebastelt und kombiniert – und es hat funktioniert. Vernünftige Tonbandgeräte waren damals auch Mangelware. Alles wurde nur aus Russland importiert und die Qualität war dementsprechend schlecht. Aber trotz allem hatte die Jugend Spaß. Nachdem wir sowieso in unserer Freiheit eingeschränkt waren, hatten wir mindestens zweimal in der Woche die Möglichkeit, den ganzen Frust raus zu lassen. Alkohol wurde auch kräftig getrunken, deshalb gab es dann Prügeleien zwischen den rivalisierende Banden oder Streit wegen eines Mädchens. Eigentlich genauso wie hier und überall sonst, wo gefeiert wird und Alkohol im Spiel ist. Und weil der Kommunismus auf uns „aufpasste", bekamen wir Vorschriften bezüglich unseres Programms. Wir mussten ein Drittel rumänischer Musik anbieten. Es war grausam so eine Schnulze aufzulegen. Aber anderseits war es gut so, denn gleich, wenn wir diese Musik aufgelegt haben, leerte sich der Saal fast komplett und die Luft war viel besser. Keiner mochte die rumänische Musik. Die Polizei war ständig präsent, draußen aber auch drinnen, nicht nur um für Ordnung zu sorgen, sondern auch zur Überwachung. Um 22 Uhr war ende der Veranstaltung. Kino war auch eine Möglichkeit sich die Zeit zu vertreiben, aber ganz selten konnten wir einen ausländischen Film ansehen. Das meiste war nur rumänischer Mist ohne Anfang und Ende. Der Zustand des Kinos war okay. Die Jugend aber machte alles kaputt. Nach jedem Film, in der Pause, mussten die armen Putzfrauen schwer arbeiten, weil der Boden voller Popkorn und Kürbiskernen war. Überall Papier und leere Flaschen, zum Kotzen! Keiner fühlte sich verantwortlich für etwas. Dreck und Unordnung waren etwas ganz Normales. Deswegen war ich überwältigt, als ich zunächst nach Jugoslawien gekommen bin und dann später nach Deutschland. Es kam mir vor als wäre ich im Paradies und nicht auf der Erde. Eines muss ich aber zugeben: Das rumänische Schulsystem war nicht schlecht. Mir ist vieles in Erinnerung geblieben, und das konnte ich anwenden in der Zeit der Umschulung zum Bauzeichner in Deutschland. Ich war mit 37 Jahren besser in Mathe als viele meiner jungen Kollegen, die gerade vor ein paar Jahren die Schule absolviert hatten. Aber und es gibt leider ein aber, ich war schwach am Computer. Für die anderen war alles einfach, weil sie, im Gegensatz zu mir, im Umgang damit Erfahrung hatten. Trotzdem bin ich stolz darauf, eine Schule in Deutschland besucht und mit „gut" absolviert zu haben.

Rendezvous mit dem Tod

Der Tod hat mich schon öfter heimgesucht. Auch wenn es nur zu Streifenkontakte blieb, es hat Spuren hinterlassen. Zum ersten Mal war es an einem kalten Wintertag. Ich war acht Jahre alt. Der größte Arbeitgeber der Region war das Walzwerk. Wenn es von einer Großfabrik die rede ist, wo Eisen in verschiedene Produkte umgewandelt wurde, musste auch Wasser für die Kühlung in der Nähe sein. Diese Fabrik existierte seit 1790. Bei dem Fluss, der unseren Ort durchquerte, wurde ein Kanal gebaut. Dieser Kanal war nicht sehr weit von meinem Zuhause entfernt. Im Sommer badeten und fischten wir darin und im Winter fuhren wir Schlittschuh oder spielten Hockey darauf. Für uns Kinder war es ein Paradies, zumindest auf den ersten Blick. Eines Tages im Winter wurde mir langweilig und ich ging auf der Brücke über den Kanal. Meinen Schlitten hatte ich dabei. Dann, schoss mir ein dämlicher Gedanken durch den Kopf:

„Wie wäre es, wenn ich mit meinem Schlitten auf das Eis gehe und ein wenig hin- und herfahre, es kann doch nichts passieren." Die Brücke war ganz nahe an der Wasseroberfläche, sodass es kein Problem war auf dem Eis zu landen. Zuerst probierte ich aus, ob das Eis den Schlitten hält.

„Na, wenn der nicht untergeht, dann wird mich das Eis auch halten, denn so schwer wie der Schlitten bin ich auch nicht." Mit acht Jahre ist man noch viel zu unreif um richtig zu schätzen. Der Schlitten blieb auf dem Eis. Dann kroch ich unter das Geländer und machte problemlos einen Schritt auf das Eis. Der zweite Schritt aber war schon im Wasser! Ich sank bis zur Brust. Das Wasser war an dieser Stelle zwei Meter tief! Zum Glück hatte ich mich irgendwie in der Luft umgedreht und das Geländer angepackt. Die Handschuhe fingen an von dem Rohr zu rutschen, und ich verlor langsam an Kraft. Mein Engel, da oben im Himmel, beobachte das Geschehen und kam mir zur Hilfe in Person von Bobi, meine Klassekollegin. Sie war zufällig in der Nähe. Und da ich noch Kraft hatte zu schreien, sah sie mich und kam schnell in meine Richtung gelaufen, um mir zu helfen.

„Dani, was machst du da? Willst du dich umbringen?"

„Nein, ich bin ausgerutscht. Gib mir schnell deine Hand und hilf mir raus!" Die arme Bobi. Wie sollte sie mich rausziehen, wenn meine Wäsche voller Wasser war? Außerdem bestand die Gefahr, dass auch sie ins Wasser fallen könnte und wir beide unter dem Eis sterben würden! Mit großer Mühe schaffte sie es, mich ein wenig aus dem kalten Wasser zerren, aber das war es auch schon. Sie war genau so verzweifelt wie ich, und weil ich keine Kraft mehr zum Schreien hatte, tat sie es. Zwei ältere Mädels aus ihrer Nachbarschaft haben es gehört und sind uns schnell zu Hilfe geeilt. Mit vereinten Kräften haben sie mich endlich aus dem Wasser befreit. Nach diesen kalten bad musste ich so schnell wie möglich nach Hause. Dieser Weg war verdammt lang und schwer, weil die Kleidung mit Wasser voll gesaugt war. Ich wohnte oben auf einem Hügel, am Ende der Straße in Richtung Wald. Das zittern fing an. Meine Hose wog wahrscheinlich das Dreifache und nach kurzer Zeit hatte ich das Gefühl, als ob sie aus Blech gewesen wäre. Ich lief wie ein Roboter. Nach zehn Minuten war ich endlich nach Hause gekommen. Meine Oma gab mir trockene Wäsche und ich setzte mich neben dem Offen. Jetzt überlege ich was hätte alles passieren können, wenn mich keiner gesehen oder gehört hätte oder ich nicht rechtzeitig das Geländer gepackt hätte? Darüber denke ich lieber nicht nach, sonst kriege ich Gänsehaut. Spielt sowieso keine Rolle mehr. Ich habe es geschafft!

Das zweite Rendezvous mit dem Tod war im Wald. Wie ich schon erwähnt habe, wurde unsere Heizung mit Holz aus dem Wald betrieben. Ich war ungefähr elf. Zusammen mit meinem Nachbarn Georg und seiner Oma gingen wir in den Wald, um Holz zu sammeln. Wir waren ausgerüstet mit einem Seil, an dem drei oder vier Keile hingen, und mit einem

Beil. Dieses wurde benutzt, um die Bäume abzuhacken und die Keile ins Holz zu schlagen, sodass wir es hinter uns herziehen konnten - wie die Sklaven. Was soll's, so waren die Zeiten. Endlich angekommen an der Stelle, wo wir Holz schneiden sollten, fanden wir einen halbentwurzelten Baum und wollten ihn absägen. Wir schafften es, aber er blieb zwischen den anderen Bäumen hängen. Uns blieb nur die Möglichkeit die Krone abzuhacken, dann konnte der Stamm nach unten rutschen. Ja aber wer sollte hochsteigen? Die Oma mit 70 war nicht geeignet für solche Zirkusnummern, und Georg war noch zu klein, so dass mir keine Wahl blieb. Ich kletterte auf den Baum und begann mit dem Beil zu schlagen. Die Krone war fast ab und dann setzte der Stamm sich in Bewegung. Zusammen mit dem Baum flog ich aus vier Metern Höhe durch die Luft auf den Rücken. Zum Glück fiel der Baum nicht auf mich, sonst wäre ich Hundefutter gewesen. Von dem Schlag konnte ich Minuten lang nur sehr schwer atmen. Die Oma massierte mir den Rücken, aber das konnte mir nicht helfen. Die Schmerzen waren grausam. Ein bisschen Glück hatte ich. Einen halben Meter entfernt lag ein Baumstumpf! Wenn ich auf den, egal mit welchem Körperteil, geflogen wäre, na dann, halleluja. Selber Schuld, oder? Danach ging es nach Hause... mit halbe Geschwindigkeit.

Mein ehemaliger Hof und der Wald, wo ich fast umgekommen bin...

Bei der dritten Begegnung mit dem Tod war ich circa siebzehn Jahre alt. Wieder einmal im Winter und nicht weit entfernt von der Stelle, wo ich zum ersten Mal im eisigen Wasser gelandet war. Auf dem Wasserkanal hatten Konstrukteure eine Wasserturbine zur Stromgewinnung gebaut. Unter der Brücke, direkt vor der Turbine, war ein Rechen zum Schutz von Äste oder Eisblöcke. Das Eis musste zerkleinert und durch einen Freilauf beseitigt werden. Ein Nachbar von mir, arbeitete bei der Eisbeseitigung. Da mir langweilig war, ging ich ihm helfen. Mit einem drei Meter langen Schieber hat jeder

von uns die Eisschollen in Richtung Freilauf geschoben. Meine Schuhe waren aber nicht die richtigen für so eine Arbeit. Ich rutschte aus und flog ins Wasser. Im Flug drehte ich mich und wie ein Stuntman konnte mich am Rechen Festpacken. Ich war schon bis zur Hälfte im Wasser und die Strömung drohte mich in Richtung Freilauf zu ziehen! Sofort sprang der andere nach und zog mich schimpfend heraus:
„Du Spinner, was machst du! Willst du mich im Gefängnis sehen oder was! Warum passt du nicht auf! Und jetzt verschwinde so schnell wie möglich und wechsle deine Hose, weil sonst erfrierst, du Idiot."
Ja, er hatte Recht. Was suchte ich eigentlich dort? Wieder dachte ich, was mit mir hätte passieren können, wenn ich ein wenig weiter gestürzt wäre? Das Wasser ging zusammen mit den Eisblöcken circa 300 Meter unter die Erde, bis es wieder freikam. Hilfe, grausam! Dieser verdammte Wasserkanal hat viele Opfer von mir verlangt.

Der berühmte Kanal mit den Rechen wo ich im Wasser zwei Mal gefallen bin.

Der vierte Versuch des Todes mich auszulöschen folg jetzt. Damals arbeitete ich im Walzwerk als Betriebselektriker. Ich muss zugeben dass mir dieser Beruf nicht gefällt hat. Ein Grund dafür war das Risiko sich schnell den Tod ins haus zu holen. Einer meiner Aufgaben war es, für die Instandsetzung von den Kränen in der Halle zu sorgen. Wir waren zu zweit in der Schicht und mussten uns die Reparatur verschiedener Maschinen teilen. Ich wurde benachrichtigt, dass ein Kran nicht mehr richtig funktionierte und machte mich auf den Weg. Schnell wurde ich fündig und musste einen Schalter wechseln. Die ganze Apparatur war unter Strom: 400 Volt. Da ich unter Stress stand und nicht aufmerksam genug war, berührte ich mit beiden Händen zwei Phasen gleichzeitig und bekam einen saftigen Stromschlag! Irgendwie konnte ich die Hände weg ziehen, verlor aber mein Gleichgewicht und wurde auf den Rücken geschleudert. Der Kran war circa sechs Meter hoch und Gott sei Dank flog ich nicht hinunter. Gut, dass ich das Teil nicht richtig angefasst hatte, sonst hätte ich meine Hände nicht mehr wegziehen können und wäre gebraten worden wie ein Marder! Ein Paar Minuten lag ich unter Schock bis mich die Schreie des Kranführers aufweckten. Ende gut, alles gut, aber seit dem hatte ich mehr Respekt und auch Angst von dem Strom. Beim fünften Treffen wurde ich Opfer eines Arbeitsunfalls. Wir waren unter anderem für die Stromversorgung verantwortlich und mussten Motoren in unsere Halle auswechseln. Nach Ende der Reparatur sollten wir den Strom für die ganze Halle wieder einschalten. Der Zentralschalter machte uns Schwierigkeiten. Dieser Schalter wog um die 120 Kilogramm und hatte eine Stromstärke von 2500 Ampere. Zum Vergleich: Ein normales Einfamilienhaus ist gesichert mit 50 oder 60 Ampere. Die Stromstärke des Schalters war so hoch, weil durch ihn die Halle mit Strom versorgt wurde. Die ganze Schicht versammelte sich vor dem Gerät und mein Chef versuchte mit einem Schraubenzieher den Mechanismus zu lösen. In dem Moment verursachte er einen Kurzschluss. Ich hörte einen Knall, spürte Hitze und sah ein gewaltiger Blitz. Fünf Leute wurden auf den Boden geworfen. Ich konnte minutenlang nichts mehr sehen. Nach kurzer Zeit spürte ich auch an rechte Hand und im Gesicht Schmerzen. Die Außenfläche meiner rechten Hand war verbrannt und ich war so verwirrt, dass ich es ins Öl tauchte. Erst dann fing es richtig an weh zu tun. Ich hätte es ins Wasser tauchen müssen! Egal, wir waren unter Schock gewesen und keiner konnte mehr richtig denken. Der Chef hatte Verbrennungen vierten Grades, teilweise bis an die Knochen. Ein anderer Kollege hatte an seinem rechten Arm Verbrennung bis an den Ellenbogen, weil er damals nur ein T-Shirt anhatte. Jetzt, nach über 30 Jahren, sehe ich vor meinen Augen, wie die Krankenschwester meinem Chef die Haut von der Oberseite seiner Hände abzog. Es war so als hätte sie die Haut von einem Grillhähnchen heruntergezogen. Mein leiden dauerte fast drei Monate. Jeden Tag Bandagen runter, wieder von neuem drauf, und jedes Mal war alles mit Haut zusammengeklebt. Quälerei ohne Ende! Diesmal war nicht ich Schuld an dem ganzen Schlamassel. Drei Monate lang blieb ich Zuhause und bekam den vollen Lohn. Es wurde nicht als kollektiver Unfall deklariert, sonst hätte die Staatsanwaltschaft kommen müssen und da wären ein paar Köpfe gefallen. So wurde offiziell nur der Chef als Unfallopfer gemeldet. Im Kommunismus war alles möglich - schlimmer wie in Amerika!

Hier, in der Abteilung Walzwerk 550, habe ich den grausamen Unfall erlebt!

Wir machen jetzt einen Sprung von fünf Jahre, bis November 1989. Mein sechster Schutzengel rettete mich in Deutschland. Ich war im August hier angekommen. Damals wohnte ich in Baden Württemberg, in der Nähe von Horb am Neckar. Es war schon schwer für mich, alleine in ein fremdes Land. Es war aber auch die Sprache die mir Probleme bereitete. Weil es ein Dorf war in sprachen die meisten Schwäbische Dialekt. Davon verstand ich Bahnhof. Es war alles neu und ich war alleine in der weite Welt. Ab und zu telefonierte ich noch mit meiner Verwandtschaft in Rumänien und das machte mich noch depressiver. Zum Glück habe den Kontakt zu meinem Kumpel Fredi, mit dem ich über die Donau geflüchtet bin, erhalten. Mitte November war mein Geburtstag und nach einen Telefonat mit Fredi habe mich entschieden mit ihm zu feiern. Er wohnte damals in Bayern in der Nähe von Würzburg. Natürlich habe mich gefreut ihm wieder zu sehen. Weil ich noch kein Auto besaß musste ich den Zug nehmen. Alles klappte gut, er kam zu Bahnhof und holte mich ab. Am Abend haben wir gefeiert bis um drei Uhr Früh. Nach ein Paar Stunden Schlaf haben wir entschieden in der Stadt zu fahren um Lebensmitteln zu kaufen. Mit Alkohol Reste in den Adern stiegen wir ins Auto und sind zu dem Kaufhaus gefahren. Zum Durst ablöschen kauften wir vorerst eine Kiste Bier die wir auf das Hinterbank deponiert haben. Damals gab es kein Aldi in der Nähe so dass wir 15 Km weiter fahren mussten. Und auf einmal wollte mir Fredi seine Fahrkünste zeigen. Vor uns lag eine gerade Strasse und er gab Gas. Es waren auch andere Verkehrsteilnehmer auf die Strecke. Er überholte ein Auto und dann kam ins schleudern. Wir sind Schlangenlinie gefahren. Er traf seitlich ein anderes Auto den wir überholten und schmiss denn im Grab. Von dem Aufprall sprang die Kiste voller Bierflaschen und fast alle gingen zu Bruch. Ich hab schon mein Tod gesehen und konnte nur noch zu ihm sagen: „Was tust du Fredi? Willst du mich gerade heute zu mein Geburtstag umbringen?" Kurz danach sind wir, mit viel Glück im Grab, auf die linke Seite zum stehen geblieben. Mein Herz war in die Hose gerutscht und meine Knie zitterten als hätte ich Marathon gelaufen. In diese Paar Sekunden ist jeder Spur von Alkohol aus mein Gehirn verdampft. Gott sei Dank ist uns kein Auto entgegen gekommen sonst hätten wir bestimmt den auch mit auf die ewige Reise mitgenommen. Nach eine weile kam die Polizei und Fredi hatte Glück dass die ihm nicht auf Alkohol getestet haben sonst hätte sein Lappen weg gewesen. Nachdem die Formalitäten beendet waren sind wir weiter zum einkaufen gegangen. Die Kiste Bier war aber hin. Schlimm war dass die ganze Flüssigkeit(Bier) sich auf das Hinterbank und auf dem Boden verbreitet hat. Er hatte ein paar Tage zu tun, die Glasscherben zu beseitigen und die Polster zu waschen. Nach zwei, drei Tage fing an das Bier zu stinken. Gut dass es dass Bier stank und nicht wir als Stinkende Leichen. Es war mein erster schlimmer Verkehrsunfall und leider nicht der letzte.

Jetzt sind wir bei Nummer sieben angekommen. Es war 1992 im April. Ich hatte gerade ein Praktikum in einem Elektrogeschäft bei mir im Ort gemacht und war mit dem Fahrrad unterwegs. Nach Feierabend hatte ich einen Zahnarzttermin. Auf dem Weg nach Hause musste eine Kreuzung durchqueren. Die Ampel drohte von gelb auf rot zu schalten, so dass ich schneller wurde. Ich fuhr durch, aber nicht weit, weil mich einem Motorrad voll erwischte. Es passierte so schnell dass ich gar nicht realisiert habe was los war. Durch den Aufprall wurde ich in der Luft geschleudert! Ich stand auf und setzte mich auf den Gehweg. Nach einige Sekunden, da ich mit dem Kopf auf den Bordstein geprallt war, spürte auf einmal etwas Warmes auf die Schläfe. Das Blut floss mir auf dem Hals runter! Mein Kopf wurde von einer 12 Zentimeter langen Wunde gekennzeichnet. Der Motorradfahrer war auch gestürzt, aber zum Glück nicht verletzt. Klar, dass ich Schuld am Unfall gewesen war. Und auf dem Motorrad war der Sohn des Bürgermeisters! Das habe ich aber erst später erfahren. Ich stand auf, nahm mein kaputtes Fahrrad und wollte nach Hause gehen, als ob nichts gewesen wäre. Meine Gedanken waren noch immer an meinen Zahnarzttermin. Ganz klar, der Schock! Ein Polizist im zivil bremste mich und sagte mir dass ich den Unfallort nicht verlassen darf. Zum Glück kam eine Frau aus einem Laden von gegenüber und gab mir ein Handtuch. So konnte ich den Blutverlust stillen. Dann kam mein Hausarzt, bandagierte meinen Kopf und ging mit mir ins Krankenhaus. Dort wurde meine Wunde genäht, aber die Betäubung hatte nicht so richtig gewirkt und ich jammerte vor Schmerzen. Eine Woche lang war ich im Krankenhaus stationiert. Danach kam auch eine schöne Strafe von 175 DM, weil ich bei Rot über die Ampel gefahren bin. Zum Glück blieb mir der PKW-Führerschein. Außerdem stand ich in der lokalen Zeitung in der Rubrik „Polizei berichtet". Eine nicht gerade positive Nachricht. Und habe ich einen oder habe ich keinen Schutzengel? Ich glaube, ich habe ein ganzes Dutzend davon, mehr Glück als Verstand. Hätten sich von meinen Schädel kleine Knochen in das Gehirn gebohrt, hätte ich gelähmt bleiben können. Bei der Wucht des Aufpralls hätte ich mir den Genick brechen und im Rollstuhl landen können. Oder der Tod hätte mich mitgenommen. Aber es soll nicht sein, nicht damals. Dass er kommt, weiß ich, nur nicht wann und wie. Egal. Außerdem hätte ich fast den Bürgermeister Sohn umgebracht. Aber Ende gut, alles gut. Es fällt mir ein, dass ich auch einmal zum Schutzengel wurde. Ich war so um die 18 Jahre alt. Eines Abends kam mein Bruder vom Spielen nach Hause und sah ganz benommen aus. Er ist zehn Jahre junger als ich. Ich fragte ihn: „He, was ist los mit dir? Du siehst gar nicht gut aus. Bist du krank?" „Ah, lass mich, ich bin okay" und legte sich auf die Couch. Er drehte sich um und ich sah, dass er am Hinterkopf blutet. „He, lüg mich nicht an! Was hast du gemacht, dass du blutest? Du hast dich verletzt, oder? Sag die Wahrheit!"

„Ja schon gut. Du hast es gesehen. Ich habe mich verletzt. Bin mit dem Hinterkopf auf die Treppe gefallen" antwortete er leise.

„Hast du keine Schmerzen? Das kann doch nicht wahr sein! Die Wunde ist ziemlich groß. Komm, gehen wir in Krankenhaus."

Ich ging ins Bad, um Desinfektionsmittel und Kompressen zu suchen. Als ich heraus kam, sah ich, dass er am ganzen Körper zuckte und auf die Lippen sich Schaum bildete. Er hatte einen epileptischen Anfall! In dem Moment stand ich unter Schock und wusste nicht wie ich reagieren sollte. Auf jeden Fall hob ich ihn hoch, nahm ihn in die Arme, ging mit ihm in den Flur und rief verzweifelt

meine Eltern. Die beiden kamen in den Flur und meine Mutter fing an zu schreien:
„O Gott, mein Kind stirbt!"
Das Ganze ein paar Mal, bis mein Vater genervt auf sie einschrie und zu ihr sagte, sie solle aufhören. Er war der Einzige, der kaltblütig richtig reagiert hatte, und sagte zu meiner Mutter, sie solle so schnell wie möglich einen Holzlöffel bringen. Sie brachte den Holzlöffel. Mein Vater schaffte es den Mund meines Bruders aufzumachen und den Löffel rein zu stecken, so dass er sich nicht verschlucken konnte. Wir hatten damals kein Telefon. Also, stieg ich auf das Fahrrad und versuchte so schnell wie möglich das Krankenhaus zu erreichen, um einen Krankenwagen für meinen Bruder zu rufen. Ich war in meinem ganzen Leben noch nie so schnell mit dem Fahrrad gewesen. Im Krankenhaus bestellte ich den Krankenwagen und kehrte dann zurück nach Hause. Inzwischen hatten meine Eltern meinen Bruder schon bis nach unten an die Straße transportiert, so dass der Krankenwagen ihn gleich abholen konnte. Er war bei Bewusstsein, aber wirkte irgendwie abwesend. Sein Gesicht war blass und die Lippen blau. Nach zehn Minuten kam der Krankenwagen und wir gingen alle zum Krankenhaus. Dort stellte sich heraus, dass sich durch den Schlag mit dem Hinterkopf auf die Treppe ein Bluterguss gebildet hatte, die Ursache des epileptischen Anfalls. Er blieb eine Woche lang im Krankenhaus unter Beobachtung. Er hatte großes Glück dass ich zum richtigen Zeitpunkt am richtigen Ort war. Heute, lebt er noch und ist gesund. Nachdem mein Leben

so oft von Schutzengeln gerettet worden war, hatte ich mich irgendwie revanchiert und bin so auch zum Retter geworden. Zum Glück ist seit langen Schluss mit solchen Geschehnissen. Vielleicht ist Schluss für immer, oder ist dies die Ruhe vor dem Sturm? Mal schauen, wie es weitergeht. Nun geht es aber weiter mit einem anderen Thema und nicht mit den Besuchen vom Tod. Davon habe ich die Schnauze voll.

Wie ich zum Dieb geworden bin

Ich bin im Kommunismus groß geworden. Ein kommunistischer Slogan lautete: „Unsere Fabrik, unser Zuhause" Also, haben wir alle ein Stück davon genommen und vom Nagel bis zur Schraube alles Mögliche geklaut. So bin ich aufgewachsen. Als Nachbarn hatte ich eine rumänische Roma-Familie mit zwei Söhnen. Der Große von den beiden war zwei Jahre jünger als ich, der andere zehn Jahre jünger, genau wie mein Bruder. Also eine Supertruppe. Georg, hat sich zu einem Superdieb entwickelt und mich langsam, in seine Welt mitgezogen. Warum? Weil meine Eltern gearbeitet haben und niemals für mich Zeit hatten. Meine Oma konnte mit mir sowieso nicht mithalten. Dieser Georg, egal wo er war, musste immer etwas mitnehmen, also klauen. Vielleicht war er Kleptoman, keine Ahnung. So auch zwei Brüder, Roma ungarischer Abstammung, mit denen ich auch befreundet war. An einem Sommerabend, auf dem Weg vom Nachmittagsunterricht in Richtung Zuhause, traf ich Georg und einen der beiden Brüder am Markt. Sie waren sehr aufgeregt.

„Hey Dani, komm, schau dir etwas Besonderes an" sagte Georg.

„Was willst du?" fragte ich ihn.

„Guck mal welche Fische wir entdeckt haben!"

„Na und was wollt ihr damit machen?"

Ich sah die drei große Wasserbehälter voller Karpfen und wurde sofort fasziniert von der Größe und der Zahl der Fische. So viele zusammen hatte ich bis dahin noch nicht gesehen! Dann überlegten wir uns ein paar nach Hause mitzunehmen, um unseren Eltern eine „Überraschung" zu machen. In der Tat, die Überraschung ist uns auch gelungen - aber erst nach drei Tagen, nachdem die Polizei eine Einladung an unsere Eltern schickte! Was ist passiert? Ganz einfach: Wir hatten Pech. Gerade wollten wir den Tatort verlassen, da kam der Verantwortliche vorbei, um nach dem Rechten zu schauen. Dass wir gerade einen Raub verübt hatten, war uns nicht klar. Kinder halt. Zuerst hatte der Mann zu uns nichts gesagt. Aber nachdem er sah, dass wir weglaufen und das kaputte Schloss, lief er uns hinterher und fluchte. Wir schmissen die Fische weg und hauten ab. Er musste sich entscheiden hinter wem von uns er hinterherlaufen sollte. Ich war schnell auf den Beinen. Georg überquerte den Fluss, so dass der letzte, der jüngste übrig blieb. So wie ein Sprichwort treffend sagt: „Den letzten beißen die Hunde." Georg und ich konnten uns retten, aber der kleine wurde erwischt. Sofort ging der Man mit ihm zur Polizei, wo er uns verriet. Nach drei Tagen platzte die Bombe und die Väter wurden zur Polizei geladen. Diese drei Fische, die ich mitnehmen wollte, haben circa ein Drittel des Monatslohns meines Vaters gekostet. Nachher vermöbelte mich mein Vater ganz schön. Für jeden Fisch fünf Schläge auf den Hintern. Nach ein paar Tagen bekamen wir auch in der Schule dafür die Rechnung. Alle Schüler versammelten sich im Schulhof und wir, die drei Musketiere, wurden nach vorne gebeten. Nachdem die Direktorin uns zur Sau gemacht hatte, wurden wir drei Tage vom Unterricht ausgeschlossen. Drei Tage ohne Schule. Was für eine „Tragödie" für uns. Danach beruhigte sich die Lage. Ich habe es vermieden, mit diesen beiden einen zu engen Kontakt zu haben. Bis zur elften Klasse ist in dieser Richtung nichts Besonderes mehr passiert. Aber dann kam es wieder zum Eklat! Eines Tages im Winter kam Georg auf eine ganz gefährliche Idee: Wie wäre es, wenn wir beide einen Kiosk aufbrechen? Er kannte die genaue Lage und war schon dort gewesen, um sich die Sache näher anzuschauen. Es war der gleiche Ort wie damals mit den Fischen am Markt. Werkzeug hatte er schon vorbereitet, aber alleine wäre es für ihn zu gefährlich gewesen, sagte er. Er brauchte einen Aufpasser und bot mir an, die Ware mit mir zu teilen, wenn ich mitmache. Ich sagte zu ihm, dass ich es mir noch überlegen würde. „Wenn die uns erwischen, dann ist der Teufel los! Finger weg, es ist viel zu gefährlich" dachte ich und so, hab nicht mitgemacht. Damals lag draußen ziemlich viel Schnee und es war auch verdammt kalt. Ich dachte gar nicht mehr weiter darüber nach. Zwei oder drei Tage später fragte er mich, ob ich nicht Lust auf ein Tischtennismatch hätte. Nach einem Satz machten wir Pause. Er bot mir ein Glas Whisky an und schmiss mir eine ganze Zigarettenpackung zu, so als ob er ein Boss wäre. Ich war baff. Was sollte das? Woher so viel Großzügigkeit? Er arbeitete doch nicht und seine Familie war ziemlich arm! Dann wurde mir alles schlagartig klar. Er hatte den Kiosk aufgebrochen! Nach drei Tagen kam offizieller Besuch nach Hause zu meinem Freund Georg. Zwei Polizisten mit Durchsuchungsbefehl kontrollierten sein Haus. Es stellte sich heraus, dass er nicht nur die Ware vom Kiosk, sondern auch viele andere Sachen geklaut hatte. Den ganzen Nachmittag lang hatte man seine Beute auf das Revier geschleppt. Es waren auch Sachen von der Fabrik dabei und drei Fahrräder. Die Nacht verbrachte er im Arrest. Am nächsten Tag holte mich die Polizei um 11:00 Uhr aus der Schule aufs Revier. Dieser Schweinehund hatte mich zu seinem Komplizen gemacht! Er schrieb in seine Erklärung, dass ich zusammen mit ihm den Kiosk aufgebrochen habe! Natürlich wehrte ich mich dagegen, aber der Polizist war sich nicht sicher, ob er mir glauben sollte oder nicht. Zur Sicherheit prüfte er uns nach der Reihe mit ein Paar Schlägen! Er kam zu mir, schrie mich an und schlug mich ohne Warnung, so dass ich lauter Sterne68 sah. Danach ging er zu Georg und verprügelte ihn. Es kam mir aber irgendwie komisch vor, als ich auch eine dritte Stimme gehört habe. Später erfuhr ich, dass noch ein Schüler da war, der in der Schule die Zigarettenmarke rauchte, die übereinstimmte mit denen vom ausgeraubten Kiosk. So kam die Polizei diesem auf die Spur. Sie hätten gar nichts entdeckt, wenn dieser blöde Georg nichts darüber erzählt und keine Zigaretten verschenkt hätte. Er war ein „Held" seiner Meinung nach. Und das brach ihm das Genick und mir auch...fast. Von 11:00 Uhr früh bis 18:00 Uhr abends bekam ich kein Wasser und kein Essen. Nach sieben Stunden Quälerei kam ich endlich nach Hause und erzählte meinen Eltern die Geschichte. Selbstverständlich waren die sehr „begeistert" von dem Ganzen. Am nächsten Tag kam die Polizei und durchsuchte auch unser Haus nach geklauter Ware. Weil aber nichts da war, konnten sie auch nichts finden. Diese Tat war ein Verbrechen und Georg wurde vor Gericht geladen. Ich war auch dabei als Zeuge. Ich will mich gar nicht mehr daran erinnern, was meine Eltern und ich durchgemacht haben! Stress, Stress und wieder Stress! Grauenhaft. Er wurde zu 6 Monate auf Bewehrung verurteilt und blieb frei, weil kurz danach gab es eine Amnestie. Ich bin zum Glück davon gekommen aber zu Recht. Das nächste Kapitel beschäftigt sich mit der Zeit wo ich bei Militär war. Nicht gerade das gelbe vom Ei!

Militärparade

Nun war es soweit. Auch das musste ich noch erleben! 1976 wanderte einer meiner Onkel mütterlicherseits nach Deutschland aus. 1978 wurde ich zu Militär einberufen. Alle meine Kollegen waren höchstens 60 Kilometer von Zuhause entfernt, aber ich mit Verwandten in Deutschland, wurde 350 Kilometer von unserem Ort entfernt in Dienst versetzt. Mein Bruder wurde bei dem Kanal Donau-Schwarzmeer circa 600 Kilometer entfernt von daheim eingeteilt. Warum wohl? Wegen unserer deutschen Verwandtschaft! Dass ich mich nach Freiheit gesehnt hatte, schon seit meiner Kindheit, das habe ich schon zuvor erwähnt. Eigentlich die meisten meiner Generation haben darunter gelitten, dass wir in unserer Bewegungsfreiheit eingeschränkt waren. Im Jahr 1978 gelang einem Nachbarn von mir die Flucht in den Westen. Das hatte ich nicht für möglich gehalten. Er war ein zurückhaltender Mensch, keine Frauen, ganz ruhig, aber alles hatte getäuscht. Später erzählte er mir, dass er schon lange zuvor alles geplant hatte. Er suchte sich einen Arbeitsplatz in der Nähe von der Grenze mit Jugoslawien. So war er ganz nahe an seinem Ziel. Danach umkreiste auch mich immer öfter der Gedanke zu versuchen, illegal über die Grenze nach Jugoslawien oder direkt über Österreich nach Deutschland zu flüchten. Träumen kann man immer, aber ich musste leider zum Militär. Militärdienst war Pflicht. Ok, es hat mich für das Leben gehärtet, aber die vielen Beleidigungen und wie die älteren mit uns umgegangen sind, war für mich grausam. Über die neunzehn Monate verlorene Zeit möchte ich jetzt in Kürze berichten. Inzwischen habe ich mich abgefunden. Mein Vater war zwei Jahre und sechs Monate im Dienst! Und die, die im Krieg gedient haben waren auch nicht glücklich. Am 26. Oktober 1978 musste ich mich bei der Garnison melden. Der Holzkoffer war bereit und ab ging es in Richtung Bahnhof. Ab hier weiter mit dem Zug, 60 Kilometer in die Hauptstadt des Landkreises. Es war schön, weil wir uns alle kannten aber wir wussten, dass auf uns schwere Zeiten zukommen. Andere, die vor uns den Militärdienst quittiert haben, erzählten grausame Storys. Deswegen haben wir zuhause die Sau raus gelassen und gefeiert. Die Zeit ging aber schnell vorbei und wir wurden aufgeweckt von der Tatsache, dass unser Zivilleben zu Ende ging. Am Militärzentrum angekommen wurden wir aufgeteilt in verschiedene Himmelsrichtungen und Entfernungen. Wie immer, war ich vom Pech verfolgt und wurde 350 Kilometer weit entfernt von Zuhause geschickt. Mit dem Zug angekommen im Mitte Pampa, wurden wir mit den Bussen vom Bahnhof 35 Kilometer bis zur Kaserne transportiert. Die erste Begegnung mit den „Alten" war nicht so lustig. Die waren acht Monate schon im Dienst. Erst später habe ich erfahren, dass mein Vorgesetzter mich gleich ins Auge gefasst hatte. Es war ein großer Zirkus bis wir die richtigen Schuhe und Uniformen gefunden haben. Entweder waren sie zu groß oder zu klein, ganz anders als die Zivilkleidung. Ende der siebziger Jahre waren immer noch lange

Haare in Mode und Rockerfrisuren, die ich auch getragen hatte. Leider wurde sie komplett entfernt und von einer „wunderschönen" Glatze abgelöst. Die Alten haben sich riesig gefreut. Jetzt war die Zeit reif uns, den „Kükchen", zu zeigen, wo es lang geht. Und die Hölle begann. Um sechs Uhr aufstehen, waschen, anziehen, Frühstück dann Rapport. Ich war mit 1,80 Meter ein wenig größer als andere. Deswegen als „Belohnung", bekam ich neben der üblichen Ausrüstung noch den Granatwerfer mit zusätzlichen sieben Kilogramm Gewicht. Meine Pioniere Kompanie hatte die Aufgabe, Minen zu legen oder zu entschärfen. Im Dezember, bei Minusgraden im Schnee, mit zwei Minen links, zwei Minen rechts, die ganze Ausrüstung, die circa fünfzig Kilo wog, ganz dick angezogen, sollten wir in Formation marschieren und singen! Wie die Affen im Zirkus. Mit 18 Kilogramm auf jeder Hand und eingefrorenen Finger, war es unmöglich zu laufen ohne auf die Schnauze zu fallen. Und dann noch die Maske auf dem Gesicht wegen des Gasalarms! Richtig Spott haben die mit uns getrieben. Die ersten zwei Monate waren für mich die reinste Hölle. Ich wurde in die „Fahrschule" geschickt. Das heißt: Den Koffer zwischen den Betten im Liegen vor sich her schieben, Hupgeräusche machen, so wie spielende Kinder. Ein anderes Mal bin ich zum Kloputzer „aufgestiegen" und musste mit Zahnbürste und Rasierklinge die Kloschüssel sauber machen. Es waren Türkische Toiletten, wohl bemerkt! Es kam aber noch schlimmer. Eine Toilette war verstopft und wer konnte sie wieder in Gang bringen? Der Soldat

Daniel! Die Hand bis zur Schulter in Scheiße gesteckt und sorgen dafür, dass das Scheißhaus wieder funktioniert. Deswegen hatte ich im Leben manchmal so viel Glück und entkam so oft dem Tod? Kann sein. Wer weißt?

Am Abend mussten wir uns so schnell wie möglich ausziehen. Der Sergeant zündete ein Streichholz an und bis das abgebrannt war, mussten wir alle ausgezogen sein (zum Glück nicht nackt!). Wenn nicht alle rechtzeitig fertig geworden waren, dann wurde alles wiederholt. Zu der Ausbildung gehörten auch der Paradeschritt und das Singen der patriotischen Hymne gleichzeitig. In meiner Gruppe gab es einen Idioten, der ständig außer Rhythmus war. Wegen ihm mussten wir alles unzählige Male wiederholen. Mit dem Waschen war auch so eine Sache. Es gab nur am Wochenende warmem Wasser zum duschen, sonst nur kaltes! Da wirst du hart wie die Sau! Mit Essen war es auch nicht so toll. Die Bohnensuppe war mit Sand „verfeinert". Etwas Gutes für die Zähne die knirschten. Im Kraut gab es manchmal weiße Würmer. Kein Problem, eiweißreiche Nahrung. Im Krieg war es bestimmt nicht besser. Der Mensch gewöhnt sich relativ schnell und so früher oder später wurde es zu Routine. Nach der dreimonatigen Ausbildung beruhigte sich ein wenig die Lage. Eine Geschichte fällt mir gerade ein. Es war kurz vor Ostern und ich wollte unbedingt nach Hause. Die meisten Rumänen waren Orthodoxe und feierten gar nicht das katholische Ostern. Was konnte ich nur machen? Ich als Katholik musste daheim feiern, oder besser gesagt wünschte mir die

Feiertage zuhause zu feiern. Da kam mir eine Idee. Es war Frühling. Mein Leutnant sprach ein paar Tage zuvor mit uns über den Garten der Kaserne und dass wir neue Blumen bräuchten. Das passte wie die Faust aufs Auge. Wir hatten daheim einen kleinen Garten gehabt. Ich fragte den Leutnant, ob ich ihm Blumen bringen könne, weil wir viele verschiedene zu Hause hätten. Und siehe da, es klappte. Das Glück war auf meiner Seite! Ich bekam, nach sechs Monate zum ersten Mal frei, aber nur Zwei Tage, Karfreitag bis Ostersonntag. Einen halben Tag brauchte ich allein für den Weg hin und zurück! Aber egal. Hauptsache ich konnte nach Hause. Ostermontag war Spritztag. So war die Sitte. Alle Männer gingen vom Haus zu Haus mit Parfüm, die Frauen zu spritzen. Die Kinder bekamen gefärbte Eier, die Männer zu trinken. Wie sollte ich am Ostersonntag wieder zurück in die Kaserne gehen und somit die Saufpartie verpassen? So was kam gar nicht in Frage, obwohl ich ein großes Risiko auf mich nahm. Mein Chef hätte mich als Deserteur melden können und ich hätte ins Gefängnis gehen müssen. All das war mir aber egal. Ich blieb auch am Montag zu Hause und fuhr erst am Nachmittag mit dem Zug um 14:00 Uhr zurück in Richtung Kaserne. Gegen Abend hielt der Zug am Bahnhof. Von hier bis zu meine Kaserne waren es noch weitere 35 Kilometer. Normalerweise wartete immer ein Bus auf die Leute vom Zug, aber diesmal keine Spur davon! Wie sollte es jetzt weiter gehen? Wir waren zu dritt und nach einer Stunde warten, hatten wir uns um 23:00 Uhr entschieden zu Fuß wei-

terzulaufen. Es gab keine andere Lösung. Zum Glück war das Wetter okay. Mit vollen Taschen, gefüllt mit Köstlichkeiten von daheim, starteten wir ins Niemandsland. Nach circa fünf Stunden Marsch erreichten wir endlich den Zaun unserer Kaserne, kletterten über den und gingen in den Schlafraum. Nach dem Rapport um sieben Uhr früh sind wir zurück in den Schlafraum gegangen und ich musste zum Chef. Der bürstete mich von unten bis oben.
„Du Dummkopf, wo warst du? Du solltest am Sonntag zurück sein und nicht am Dienstag. Ich wollte dich als Deserteur melden. Bist du bescheuert?"
„Entschuldigung, Chef, aber mein Onkel aus Deutschland ist zu Besuch gekommen. Deswegen bin ich nicht rechtzeitig zurück gewesen" lugte ich.
„Und was hast du mitgebracht? Oder bist du mit den Händen in der Hosentasche gekommen?" Ich hatte für ihm einen Liter Schnaps vorbereitet, aber den hatten wir während der Zugfahrt halbiert. Wie konnte ich ihm die halbe Flasche geben? Mit großem Glück bin ich ohne Schaden durchgekommen. Gut dass ich ein Paar Blumen mitgebracht habe. Weil ich von Beruf Elektriker war, wurde ich zur Fortbildung weitergeleitet. Im Fall eines Krieges wäre ich verantwortlich für die Stromversorgung des Kommandantenzeltes gewesen. Super Job hinter der Front und nicht in die erste Reihe gleich zu krepieren! Das waren gute Zeiten. Meine Freude war aber nicht von langer Dauer, weil ich im Sommer 1979 eingeteilt wurde zur Arbeit in Valea Jiului. Konkret hieß das: Arbeiten in der Grube. Die haben uns nicht geschont. Wir arbeiteten 500 Meter unter

der Erdoberfläche, in vier Schichten à sechs Stunden. Seit damals habe ich Rückenprobleme. Ich war oben und unten tätig, musste Material von oben unter Tage befördern, Sand und Betonblöcke für die Kollegen. Die leeren Waggons habe ich gesammelt und mit den Aufzug nach oben geschickt. Vier Wagen voll mit Zementsteinen, meistens nass, und einen Wagen mit Sand beladen, das war meine Norm pro Schicht. Insgesamt circa fünf Tonnen und das sechs Mal die Woche! Im Sommer ging's noch, aber im Winter, da war es verdammt schwer, besonders in der Nachtschicht. Untertage war es in Ordnung. Da herrschten angenehme Temperaturen, so um die 20 °C, aber draußen, bei Minusgrade, Sand mit dem Pickel freizumachen und die Betonblöcke erst zu lockern und dann zu laden, das war wirklich kein Kinderspiel! Nach fünf Stunden war die Arbeit erledigt. Es blieb mir fast eine Stunde bis zum Schichtwechsel aber wohin bei der Kälte? (ich spreche von der Nachtschicht!) Ich machte Feuer in einem Blechfass und legte mich hin auf Brettern. Eine Seite hat gebrannt und die andere hat gefroren! Ständig musste mich umdrehen, so dass die Wärme von allen Seiten ein wenig mich packen konnte. Ich habe schon was mitgemacht... Aber Pflicht ist Pflicht, sonst bekam ich keinen Sold und Arrest noch dazu. Und wie immer wurde ich auch hier vom Pech verfolgt. Als Kommandeur für unsere Garnison bekam ich den strengsten Kapitän. Wieder wurden meine Kompanie und ich gequält und andere standen dabei und schmunzelten. Etwa zwei Stunden vor Arbeitsbeginn machte dieser Idiot mit uns noch sinnlose, willkürliche Übungen. Wir mussten auch dabei singen. Lächerlich, aber keiner konnte sich dem entziehen, sonst gab es Arrest. Etwas relativ Positives muss ich auch erwähnen. Erstens war ich nur hundert Kilometer von Zuhause entfernt und zweitens, war das Essen wirklich gut im Vergleich mit dem, was ich in der anderen Garnison bekommen hatte. Mein Vorgesetzter war ein junger Leutnant, mit dem ich mich sehr gut verstanden hatte. Er nahm mich ab und zu mit in seine neue Wohnung, die ich renovierte. So hatte ich die Möglichkeit noch ein wenig Freiheit zu genießen. In die Kaserne durften wir keine Zivilklamotten mitbringen. Ich hatte sie bei meinen Chef deponiert. Ohne Genehmigung durften wir auch nicht das Areal verlassen, aber das konnte mich nicht zurückhalten, am Samstag in die Disco zu gehen. Bin über den Zaun geklettert, ging schnell in die Wohnung, hab mich umgezogen und ging in Zentrum der Stadt. Eines Abends passierte mir ein Unglück in der Disco. Ein Kollege türkischer Abstammung Ali, war dabei. Weil das Licht ausging und ich nicht richtig sehen konnte, verwechselte ich einen Jungen mit einem Bekannten und klopfte ihm auf die Schulter. Der Junge war beleidigt und rief seine Truppe zum Einsatz auf. Auf einmal wurde ich von sechs Leuten mitgenommen und rausgezerrt. Ich versuchte mich zu entschuldigen, aber alles ohne Erfolg, weil der Alkoholpegel viel zu hoch bei den Jungs war. Und so bekam ich einen Schlag ins Gesicht und einen Tritt in dem Hinten. Der Schlag ins Gesicht hatte zum Glück keine große Wirkung. Meine Chancen gegen so viele zu kämpfen waren gegen Null und so musste mich rasch aus dem Staub machen. So schnell auf den Beinen war ich noch nie! Ich bin gestartet wie eine Rakete und habe nach hinten gar nicht mehr geguckt. Die Lust auf Disco ist mir vergangen. Auf dem Weg von der Arbeit in die Kaserne, hatten wir die Möglichkeit uns noch etwas aus dem Kaufhaus zu besorgen. Daneben war auch ein kleines Kaffeehaus. Zwei Tage nach diesem Unglück ging ich rein, um einen Kaffee zu trinken, und wer ist da? Mein „Freund", der mir eine verpasst hatte, zusammen mit meinen Türken! Sie tranken Bier und unterhielten sich. Ich hab gedacht:

„Das kann doch nicht wahr sein! Der verprügelt mich und mein Kollege Ali lacht und macht Witze mit ihm!" Nach einem kurzem Gespräch (nüchtern) entschuldigte sich der Schläger bei mir und gab mir ein Bier aus. Er wusste nicht, dass ich ein Freund von Ali war. Seitdem war ich voll in die Truppe integriert und hatte keine Angst mehr. Für viele ist die Datum 13, einen schlechten Tag und wird mit Unglück oder mit etwas Negativem verbunden. Für mich war die 13 eine Glückszahl. Am 13. März 1980, nach fast neunzehn Monate Quälerei, war ich endlich „frei" und wurde aus dem Wehrdienst entlassen. Und jetzt, im letzten Kapitel, werde ich meine Erinnerung noch einmal rütteln, um Ihnen in Kürze über ein anderes Abenteuer zu erzählen, Abenteuer Grenze.

Abenteuer Grenze

Mit großem Interesse verfolgte ich im Dezember 1989 den Ablauf des Geschehens in Rumänien von Deutschland aus. Ich war schon ein wenig enttäuscht, dass ziemlich wenig gezeigt wurde, aber Rumänien war für viele im Westen ein Begriff, mit dem die wenigsten etwas anfangen konnten. Viele wissen auch heute nicht genau, wo dieses Land liegt oder wie es dort ist. Die meisten verbinden Rumänien mit Dracula und das war's! So ist es nicht. Es gibt dort auch Menschen und Kultur. Am besten können Sie sich selber eine Meinung bilden, indem sie dieses Land besuchen. Mein erster offizieller Grenzübertritt, nach der Dezemberrevolution im Januar 1990, war kurz nach Ceaușescus Sturz. Mit meinem Neuerworbenen alten Auto ging es, volgeladen mit Klamotten und Lebensmitteln, in Richtung Rumänien. Bis zu österreichische Grenze mit Ungarn klappte alles wunderbar. Dann aber begann die Hölle. Weil es Wochenende war und viele in die Heimat zu Besuch fuhren, war an der Grenze ca. sechs Kilometer Stau. Nach 700 Kilometern Fahrt und einer schlaflosen Nacht, war ich schon ziemlich müde, nahm aber auch das in Kauf und musste warten. Nachdem die ungarische Behörde noch zwei Durchgänge frei machte, ging alles viel schneller. Die Autobahn in Ungarn war besser als viele Straßen in Deutschland, aber leider endete sie bei Budapest und ich musste durch die Stadt fahren. Ich war noch nie zuvor dort und brauchte fast eine Stunde für sechzehn Kilometer! Die Straßen waren ganz schlecht, die Verkehrsschilder selten. Und die vielen Autos! Es wimmelte von Trabis und solche Stinker und Umweltverschmutzer. Die Ungaren kannten sich gut aus in der Stadt und sind wie die Verrückten gefahren. Ich weiß nicht wie ich herausgekommen bin, ohne in einen Unfall involviert gewesen zu sein! Aber mit viel Adrenalin im Blut habe ich auch das überwunden.

Mein Ziel war die rumänische Grenze, egal wie lange es dauerte! Jetzt kam aber das Schlimmste. Die Begegnung mit der rumänischen Behörde! Schon zwischen den beiden Grenzen verschlechterte sich die Qualität der Straßenbeläge. Kurz vor dem Kontrollposten war ein Wassergraben von fünf bis sechs Metern Länge, voll mit Regenwasser. Es war schlimm, weil man die Tiefe des Wassers nicht richtig einschätzen konnte. Zum Glück ging beim Durchfahren alles gut aus. Damals, und bis ins Jahr 2000, mussten alle den einen deutschen Paß besasen, Visa Gebühren bezahlen, zwischen 50 DM und 60 DM. Deshalb wieder Stau. Weil die Rumänen nur ein Band offen hatten, ging alles viel langsamer. Man spürte, dass der Kommunismus noch großen Einfluss hatte. Auf der ungarischen Seite waren die Gebäude sauber, die Straßen super. Auf der rumänischen Seite: die Hölle auf Erde! Alles ungepflegt, alt, schmutzig, überall Dreck, unmöglich. Die Zöllner haben sich Zeit gelassen und machten alles gemütlich, ohne Rücksicht darauf, dass wir schon einen Tag auf den Beinen waren. Die Strasse war total kaputt, so dass ich mit großer

Vorsicht fahren musste und Angst hatte, dass das Auto nicht durchhalten würde. Ich dachte nur: „Bitte lieber Gott, keinen Unfall oder Reifenpanne!" Ok. Dort wurde nichts gemacht, weil zu Ceausescus Zeit sehr wenig Autos über die Grenze gefahren sind. Deswegen auch der grausame Zustand der Strassen. Von der Grenze bis zu mein Heimatort sind es 180 Kilometer und drei große Städte zu durchqueren. Bis zur ersten Stadt, Arad, circa 60 Kilometer von der Grenze entfernt, brauchte ich fast zwei Stunden. Ich musste über ein Dutzend Dörfer fahren. Endlich kam ich in die Stadt. Dort das gewohnte Bild: schlechte Straßen, überall Löcher, keine Verkehrsschilder! Die reine Katastrophe! Die Ampeln funktionierten nicht richtig, alle haben es eilig gehabt und fuhren wie die wilden. Na ja, eigentlich war ich in den wilden Osten, habe aber erst später realisiert! Ich dachte: „Wenn ich da heil herauskomme, muss ich nichts mehr fürchten!" Nach einer Stunde hatte ich es endlich geschafft aus dieser Stadt herauszukommen. Aber das war nicht alles! Auf mich warteten noch zwei Hindernisse dieser Art. Zum Glück kannte ich mich ein wenig aus und es ging schneller in Richtung Zuhause. Nachdem ich 32 Stunden unterwegs war, kam ich abends um 19:00 Uhr in meinem Heimatort an. Die erste Station war das Kulturhaus. Am Wochenende war Treffpunkt der Jugend in der Disco. Und wer kommt aus dem Nichts? Unser DJ Daniel! Also ich. Sofort wurde ich von den Jungs umkreist und umjubelt. Ich war einer der ersten, die illegal geflüchtet waren, und der gleich nach der Revolution wie-

der in der Heimat zu Besuch kam. Es war alles noch frisch, das Gerücht, dass Terroristen kommen, und das ganze Drumherum! Die Menschen waren noch immer durcheinander, aber glücklich, dass Ceaușescu, der Diktator, endlich weg war. In der Luft lag etwas Unbeschreibliches! Ich kann nicht sagen, was. Es war so was ähnliches wie frisch verliebt zu sein. Auf jeden Fall roch es nach Freiheit! Unterwegs zeigten alle das Zeichen V von Sieg. Nach ein paar Begegnungen mit meinen Kumpels zog ich in Richtung Zuhause. Später wollte ich in die Disco gehen und feiern. Mein Haus lag auf der anderen Seite des Ortes, so dass ich noch zwei Kilometer fahren musste. Wieder Löcher und das übliche Bild der Straße. Ich bin hier zwar aufgewachsen, aber war inzwischen schon gewöhnt an die Ordnung und Sauberkeit in Deutschland. Welchen Kontrast! Es kam mir vor wie im 19. Jahrhundert. Langsam, aber sicher, bin ich Richtung Zuhause gefahren. In der Dunkelheit fuhr ich langsam und auf einmal sprang mir ein Mann mit einem Schießgewehr vor das Auto und sagte zu mir, dass ich stoppen soll, sonst würde er schießen! Ich dachte: „Was will dieser Trottel von mir?" Bei näherer Betrachtung erkannte ich ihn:
„Hei Man, willst du mich töten oder was?" Er guckte mich an wie versteinert und nach paar Sekunden sagte er zu mir:
„Daniel, du Spinner! Bist du es wirklich? Hast du mich erschreckt!" Er war als Wache eingeteilt in dem Bereich und weil ich so langsam kam und es schon dunkel war, konnte er nicht erkennen was

oder wer es ist. Er dachte, es sind Terroristen und war bereit zu schießen. Das hätte noch gefehlt! Mein erstes Wiedersehen in der Heimat statt mit der Familie, mit dem Friedhof! Wir haben uns gedrückt, ich gab ihm eine Dose Bier, Zigaretten und fuhr weiter. Mein Elternhaus liegt auf einem Hügel und ich hatte Angst, mein Auto in einen Schrotthaufen zu verwandeln. Ich kannte die Straße genau - so lange war ich ja noch nicht abwesend. Wenn es ein Gewitter gab, kam das Wasser aus dem Wald auf die Straße nach unten gedonnert und spülte alles aus. Ich parkte das Auto unten und inspizierte die Straße. Meine Befürchtungen stellten sich aber als unbegründet heraus. Es ging einigermaßen. Dann stieg ich wieder ein, startete und gab Gas. Mein Haus war am Ende der Straße. Bis dorthin habe ich wie ein Wahnsinniger ständig gehupt. Von so viel Krach wachten alle Hunde auf und verfolgten mich bis vor die Haustür. Ich platzte vor Aufregung und Freude. Vor dem Haus hupte ich, machte das Fenster auf und schrie:
„Hei, was ist hier los? Wohnt hier keiner mehr oder was! Will mich keiner sehen?" Meine Leute konnten doch nichts wissen von meinen Besuch. Ich habe mich plötzlich entschieden und habe keinem etwas davon erzählt. Wie konnte ich auch? Damals gab es mir Zuhause keine Telefonleitung ab! Es sollte eine Überraschung sein. Und das ist mir auch gelungen! Meine Mutter kam raus und konnte gar nicht glauben, dass ich es bin, genauso wie die Oma! Wir haben uns gedrückt und ich fing an das Auto zu leeren. Nach kurzer Zeit kam auch mein Vater nach

Hause. Er freute sich auch mich zu sehen, und alle wollten mehr über meine Abenteuer wissen.
Ich hatte keine Geduld mehr. Machte eine Katzenwäsche, zog mir saubere Klamotten an und ging in die Stadt. Mein Bruder war in der Stadt. Wir begegneten uns nicht, weil wir auf verschiedenen Wegen gingen. Ich musste verdammt gut aufpassen, wo ich hintrat, weil die Straße nicht beleuchtet war. Nach circa 200 Metern Lauf, weil ich es nicht mehr länger aushalten konnte, kam mir ein Junge entgegengelaufen. Es war dunkel. Ich erkannte trotzdem mein Bruder, er mich aber nicht. Er kam in die Gegenrichtung gelaufen. Ich wartete auf ihn bis er fast neben mir war und sagte zu ihm:
„Hei Junge, warum hast du es so eilig? Mach langsam."
War klar, dass er mich an der Stimme erkannt hat. Wir nahmen uns in die Arme und drückten uns ein paar Sekunden. Ein Paar Trennen flossen und obwohl wir so verschieden waren, haben wir uns trotzdem vermisst. Danach gingen wir Richtung Disco zum Feiern! Ob wir die ganze Nacht gefeiert haben, weiß ich nicht mehr, auf jeden Fall war es - auch wenn ich mich wiederhole - unbeschreiblich schön! Nach einer Woche ging es zurück nach Deutschland ohne besondere Zwischenfälle. Ich muss ehrlich sein und zugeben, dass für mich die Umstellung von der rumänischen Lebensweise auf die deutsche ziemlich schwer war. Hier kannte ich niemanden. Meine Verwandten in Deutschland waren distanziert zu mir, obwohl ich gar nichts Schlimmes getan hatte. Wahrscheinlich hatten sie

Angst, dass ich sie um Hilfe betteln würde. Was soll's, damit musste ich weiterleben. Kein Wunder, dass ich jeden zweiten, dritten Monat in Rumänien war. In Deutschland fragte mich kein Schwein, wie es mir geht. Guten Tag und tschüss! Außerdem waren meine Leute noch in Rumänien und brauchten Hilfe. Ich war der rettende Engel! Das erste richtige Abenteuer Grenze begann im Sommer 1990. Damals wollte ich meinen Bruder zum Besuch bei mir in Deutschland abholen. In Niedersachsen wohnte ein Landsmann von mir. Mit ihm hatte ich noch ab und zu Kontakt. Er wollte auch nach Rumänien gehen, um seine Eltern nach Deutschland zu bringen. Es war super. Ich musste nicht alleine so einen langen Weg machen. Wir fuhren zusammen Richtung Osten. Wie immer packte ich das Auto voll mit allem Möglichen. Bei Nürnberg stoppten wir zum Tanken und ein Mann sagte zu mir, ich solle unter das Auto schauen, da tropfe Wasser.
„Ah du Schande, gerade das fehlte mir noch!" dachte ich. Ich wusste, dass der Kühler einen kleinen Riss hatte, aber die Bequemlichkeit siegte. Über 1000 Kilometer hatte ich noch vor mir und jetzt begann der Kühler zu tropfen! Gut, es war nicht tragisch, aber es konnte jederzeit tragisch werden. Es war im Juni. Nachts ging es noch, aber am Tag bei 30 Grad im Schatten, konnte es zu einem Problem werden. Und so kam es auch! Bei Passau, an der Grenze zu Österreich, tropfte mein Kühler wieder, weil Stau war. Ich musste zur Seite fahren, den Motor abkühlen lassen und wieder mit Wasser auffühlen. So lange ich in Bewegung war, passierte

nichts Schlimmes, weil ich ab und zu den Ventilator innen anmachte. Die Lage war kritisch wenn ich im Stau stehen bleiben musste. Bei der Grenze zwischen Ungarn und Rumänien ging dann nichts mehr. Ich schüttete Wasser von oben rein und unten ging alles schnell wieder raus. Was sollte ich jetzt machen? Mein Kumpel konnte mich nicht abschleppen, weil er einen Anhänger dabei hatte. Es waren noch 200 Kilometer bis Zuhause! Wie sollte ich so weiterfahren? Nach den ersten 20 Kilometer ohne Wasser hätte der Motor seinen Geist aufgegeben. Ich schüttete also wieder Wasser nach. Dann ging es, mit sechzig bis siebzig Stundenkilometern, circa 15 bis 20 Kilometer weiter. Danach Pause bis der Motor wieder kalt war. Der Kumpel hatte keine Geduld mehr und fuhr alleine weiter. Er konnte mir sowieso nicht helfen. Mit mehreren Pausen schaffte ich es bis in der nächst größerer Stadt Temeschburg, aber für 100 Kilometer brauchte ich drei Stunden. Ich hatte Angst, dass die Zylinderkopfdichtung kaputt gehen würde und somit auch der Motor. Auf der Suche nach einen Telefon, begegnete ich ein paar Jungs und kam mit ihnen ins Gespräch. Denen erzählte ich von meinem Problem und sie sagten, dass sie mich bis zu mir nach Hause schleppen würden, weil sie in die gleiche Richtung fuhren. Ich dachte:
„Hm. Die sind zu viert mit zwei Autos. Wer weiß, was die im Sinne haben? Zuletzt bleibe ich ohne Auto, ohne Geld und werde auch noch gut vermöbelt." Mir war es nicht egal, aber dann dachte ich:

„Es gibt keine andere Möglichkeit, also schau'n wir mal. Vielleicht habe ich doch noch ein wenig Glück." Ich war hundemüde, es war noch am Tag, also mit Gotteswillen ab nach Hause! Das Problem aber war, dass wir kein Abschleppseil dabei hatten. Die Jungs kamen auf die Idee zwei Rettungsseile zusammenzubinden und mich damit abzuschleppen. Typisch rumänisch, Improvisation. Aber es funktionierte. Langsam und sicher ging es in östliche Richtung. Es bestand ständig die Gefahr, dass ich mit dem Vordermann zusammenstoße. Uns trennten nur zwei Meter Seil und wenn ich nicht rechtzeitig gebremst hätte, wäre ein Unfall nicht mehr zu verhindern gewesen. Die anderen zwei kamen hinter uns. Auf diesen 100 Kilometern bis zu meinem Heimatort habe ich eine Meisterleistung vollbracht und konnte so einen Unfall vermeiden. Circa fünfzehn Kilometer vor meine Stadt Ferdinand, mussten wir durch ein Dorf. Plötzlich kamen ein paar Gänse von der Seite und überquerten die Straße. Was sollten wir jetzt tun? Ich konnte mit den Jungs nicht kommunizieren. Nun, gestikulierte ich, sie sollten nicht bremsen sondern weiterfahren. Obwohl wir keine große Geschwindigkeit hatten war keine Rede davon wegen der Gänse zu bremsen. Die gaben uns keine Vorfahrt so dass wir sie voll erwischten und sahen nur noch weiße Federn hinter uns! Am Straßenrand waren ein paar alte Frauen, die anfingen zu gestikulieren, was uns denn einfiele, die Gänse zu Suppenfleisch zu machen! Wir lachten und die Reise ging weiter. Nach kurzer Zeit erreichten wir den Ortsrand. Die Lage meines Kühlers hatte sich natürlich nicht verbessert, aber die Strecke bis nach Hause konnte ich auch so bewältigen. Deswegen sagte ich zu den Jungs sie sollen mich hier lassen. Es war mir peinlich die Ortschaft im Schlepptau zu durchqueren. Ich bedankte mich, schenkte jedem von ihnen eine Schachtel Zigaretten, ein paar Dosen Bier und 10 DM. Von hier hatte ich noch circa drei Kilometer bis nach Hause. Also auch diesmal mit viel Glück kam ich heil am Ziel an. Später reparierte ich den Kühler und alles war wieder okay. Alles verlief gut Zuhause und nach eine Woche musste ich zurück nach Deutschland. Mein Bruder kam mit nach Deutschland auf Besuch. Damals durften Rumänen nur mit Besuchervisum durch Tschechien und nicht durch Österreich reisen. Deswegen musste ich eine Umleitung über Tschechien machen. Ich war zum ersten Mal hier und kannte mich überhaupt nicht aus. Es war nicht besser als in Rumänien mit der Beschilderung, und es erwischte uns auch die Nacht. Wir fuhren Richtung Deutschland, theoretisch. Damals gab es kein NAVI, mindestens nicht für jedermann. Kilometerweit war kein Verkehrsschild zu sehen. Ich hatten keine Ahnung, wie viele Kilometer es noch bis zur Grenze waren und ob wir in die richtige Richtung fahren. Das alles nach etwa 30 Stunden Fahrt! Ich war fix und fertig. Mein Bruder hatte damals keinen Führerschein, so dass ich den ganzen Weg alleine hinter dem Lenkrad war. Meine Kräfte haben mich langsam verlassen. Hinzu kam noch, dass der Tank immer leerer wurde und eine Tankstelle nicht in Sicht war. Endlich sind wir an der Grenze zu Deutschland ange-

kommen. Auf der deutschen Seite schaute mich der Zöllner an und fragte mich, wie viele Stunden ich schon gefahren sei. Ich sagte zu ihm:
„Na ja, so grob geschätzt um die 30 Stunden."
In dem Moment zuckte er und schaute mich an, als ob er einen Außerirdischen vor sich hätte.
„So viele Stunden am Lenkrad? Unglaublich! Bitte Parken und schlafen legen, bevor etwas Schlimmes passiert."
Er hatte Recht. Nach fünf bis sechs Stunden Schlaf war ich wieder munter. Kurz bevor wir bei mir zu Hause angekommen sind, fing der Motor an komische Geräusche zu machen und ich dachte nur:
„Bitte, bitte, nicht jetzt kaputt gehen."
Bis nach Hause schafften wir es aber ohne Probleme. Danach ging ich mit dem Auto zum Autohaus. Dort stellte der Mechaniker fest, dass die Nockenwelle kaputt war. Was für ein Glück, dass der Motor das noch ausgehalten hat. Danach hab ich das Teil tauschen lassen was mich 1000 DM kostete. Ein teueres Ausflug, aber egal, Ende gut alles gut.
Und noch ein Abenteuer:
Im Dezember 1990 besuchte ich zusammen mit meinen Eltern Rumänien. Damals war ich noch nicht verheiratet und hatte unten eine Freundin. Es war kurz vor Weihnachten und ihre Schwester die schon in Deutschland war, schickte mit mir ein Paket. Ich parkte das Auto auf der Straße vor dem Haus, nahm das Paket und ging ins Haus. Alles schön und gut. Mit Unterhaltung verging die Zeit schnell. Draußen war es schon lange dunkel. Um circa 23:00 Uhr, verabschiedete ich mich, ging zum

Auto und wollte los fahren. Aber etwas stimmte nicht. Es schien mir die Luft in Innenraum ein wenig zu frisch. Ich drehte mich um und sah, dass hinten, ein dreieckiges Fenster fehlte und der Rücksitz voller Glasscherben war. Ich war wie gelähmt! In mein Auto ist eingebrochen worden! Danach machte ich eine Kontrolle. Der Werkzeugkasten war weg! Schnell suchte ich vorne im Handschuhfach, wo ich meine Autopapiere deponiert hatte. Alles weg! Gescheit, nicht? Ich Dummkopf habe den Fahrzeugschein und Personalausweis in Auto gelassen und habe gar nicht an Einbrecher hier vor der Haustür gedacht! Die Dunkelheit hatte aber die Räuber angelockt. Die wichtige Frage war:
Wie sollte es weitergehen ohne Papiere? Sofort bin ich zu Polizei gegangen. Aber was konnten die auch machen, nachts um 24:00 Uhr? Sie hatten mir einen Bericht gegeben, wo drinstand, wie und was passiert ist, aber in rumänischer Sprache. Glück im Unglück! Meinen Reisepass hatte ich nicht im Auto deponiert. Der war bei meinen Eltern geblieben, so dass ich ohne Probleme über die Grenze gekommen bin. Bis in Deutschland verlief alles glatt. Hierzulande bezahlte ich über 300 DM für neue Papiere. Superurlaub, oder? Rumänien war für mich immer ein Teueres Pflaster. Statt richtiger Urlaub zu machen, um mich zu erholen, war ich bei der Rückkehr noch mehr kaputt. 1992, kurz vor meiner Hochzeit, passierte eine schreckliche Sache. Die Hochzeit fand in Rumänien statt, weil meine Frau aus demselben Ort kommt wie ich. Meine Oma rutschte im Garten aus und kam nicht mehr hoch auf die Beine. Doppel-

bruch im Schienbein! Gerade jetzt musste das sein! Wir feierten und sie war im Krankenhaus. Die Ärzte stellten fest, dass sie Osteoporose hat! Das bedeutete, dass sie keine Chance mehr hatte jemals wieder zu laufen. Also musste sie bis zum bitteren Tod im Bett liegen bleiben! Was sollten wir machen? Die Hochzeit war vorbei und ich musste zurück nach Deutschland. Mein Vater blieb und sorgte dafür, dass sie in einem Altenheim in Rumänien aufgenommen wurde. Die Arme! Es ging aber nicht anders. Wer hätte hier die medizinische Versorgung bezahlen können? Die Diagnose war klar: niemals mehr laufen, also Pflegefall. Fünf Jahre verbrachte die arme Frau im Bett, bis sie endlich von Gott erlöst wurde. Die Zustände in dem Altenheim waren grausam. Wir haben uns darum gekümmert, dass die Oma eine Sonderbehandlung bekam. Es war das mindeste, was wir noch für sie machen konnten. Natürlich war das nicht umsonst, wie sollte es auch anders sein? Schmieren, schmieren. Schmieren links, schmieren rechts! Jeden zweiten, dritten Monat, waren wir zu Besuch und brachten der armen Frau alles was sie sich gewünscht hat. 1997, kurz vor ihrem neunzigsten Geburtstag, schloss Oma die Augen und ging in den Himmel. Ich bin den Tränen nahe. So ein blödes Schicksal. So wie sie war, manchmal unmöglich, passte sie auf uns mehr auf als meine Eltern und hatte ein großes Herz. Gott helfe ihr dort, wo sie ist

Der letzte Nervenkitzel:
Es war im Dezember 1997 kurz nach dem die Oma gestorben ist. Wieder im Dezember! In Rumänien

hatten wir noch das Elternhaus. Und weil der Winter kam, hatten wir beschlossen einen Besuch zu machen, das Haus vorzubereiten und den Papierkram zu erledigen. Natürlich sind wir mit dem Auto gefahren. Damals hatte ich einen Kleinbus und füllte ihn mit Sperrmüllsachen. Alles Mögliche, Fahrräder, Fernseher, Staubsauger und so Kleinigkeiten. Auf jeden Fall war der Bus fast voll. Durch den Verkauf der Sachen wollten wir ein wenig Geld machen für das Spritgeld und Visum. Die Fahrt begann am 2. Dezember ziemlich früh am Morgen. Bis Rumänien sind es immerhin 1300 Kilometer. Es ging los in Richtung Passau, dann Österreich, die ungarische Grenze - bis Budapest lief alles super. Auf der Autobahn mussten wir an einer Raststätte tanken. Ich tankte voll, bezahlte und startete in Richtung Parkplatz. Nachdem der Bus geparkt wurde, stiegen wir aus eine zu rauchen. Ich hörte ein zischen, so als ob Luft aus einem Reifen entweicht. Das konnte doch nicht wahr sein! Panne auf dem Rastplatz! Drei Tage vorher hatte ich extra neue Winterreifen auf die Felgen gezogen und jetzt eine Reifenpanne! Na gut, was soll`s. Wir müssten den Reifen wechseln, es blieb uns nichts anderes übrig. Ja, aber wie soll man den Reifen wechseln, wenn man das richtige Werkzeug nicht dabei hat? Ich hatte mir den Wagenheber vorher nicht angesehen und nicht geprüft. Verdammt! Er war ein kleinen für PKW und nicht für Bus. Der Wagenheber war viel zu niedrig und wir konnten den Bus nicht hochkriegen, um das Rad zu wechseln. Was sollten wir jetzt machen? Man brauchte irgendeinen Gegenstand, egal wel-

chen, Stein oder Holz, um den Wagenheber etwas höher zu stellen. Aber auf dem Parkplatz, mitten in der Puszta, war nichts zu finden. Endlich fand ich einen Stein und mit viel Mühe und dem Risiko, dass der Bus wegkippt, konnte ich das Rad wechseln. Inzwischen kam ein Typ vorbei und fragte uns, ob wir Hilfe bräuchten. Er sagte, dass er LKW-Fahrer sei und weiß, wie blöd das ist, wenn man eine Reifenpanne hat. Ich dankte ihm, aber ich war schon fast fertig und mein Vater ging auf die Toilette. Alles im grünen Bereich. Ich befestigte den kaputten Reifen und nach einer Zigarette stiegen wir ein, um weiter in Richtung Rumänien zu starten. Dann aber sagte mein Vater zu mir:
„Sag mal, wo hast du die kleine Tasche mit den Akten und dem Geld hingetan?" Worauf ich antwortete: „Ich? Du bist doch als Letzter aus dem Bus ausgestiegen!" Und dann platzte die Bombe: Die beiden kleinen Taschen waren verschwunden! Wir waren so „klug" und haben sie auf dem Vordersitz liegen gelassen, und Licht in der Kabine angemacht. War klar, dass unser „Freund" einen Blick nach innen geworfen hatte und die beiden Taschen mitgenommen. Dieses verdammte Schwein! Doch Glück im Unglück für uns: Das meiste Geld war in meiner Jacke. Aber alle Papiere waren weg. Dabei waren unsere Reisepässe, mein Führerschein, Fahrzeugschein und 250 DM. Super, oder? Und jetzt? Wir waren wie gelähmt! Wie konnten wir so unvorsichtig sein und die ganzen Sachen so liegen lassen und noch dazu das Licht an? Erst als ich am nächsten Tag zu Hause angekommen war und den Reifen ge-

prüft hatte, konnte ich sehen, dass er eingestochen war. Der Schnitt war drei Zentimeter lang und seitlich, nicht unten, wo es normal wäre. Die Gauner haben uns ausgewählt und mit Erfolg ausgeraubt. Aber jetzt war der nächste Schritt, die Polizei zu benachrichtigen. Ich ging in die Filiale von McDonalds und versuchte am Telefon die ungarische Polizei über das Geschehen zu informieren. Aber wie soll das klappen, wenn ich kein ungarisch sprechen konnte und der Polizist kein Deutsch? Ich bat dann einen Jungen mir zu helfen und so verstand endlich der Polizist, um was ging. Er ist ganz „schnell" gekommen, nach einer Dreiviertelstunde, und machte mir klar, dass wir aufs Revier gehen und eine Erklärung abgeben müssten. Na fein! Um 19.00 Uhr abends, nach 800 Kilometern und zwölf Stunden Fahrt, sollten wir die Polizei in Budapest suchen als ob wir in einem Dorf wären! Der Polizist hatte sich schnell aus den Staub gemacht, anstatt mit uns zum Revier zu fahren. Nach circa einer Stunde Fahrt kamen wir endlich bei der Adresse an und versuchten dort unsere Story zu erzählen. Es war aber alles vergeblich, weil keiner von denen deutsch verstand. Irgendwie haben sie uns erklärt, dass ein Dolmetscher unterwegs sei. Nach zwei Stunden kam er endlich und übersetzte unsere Erklärung. Von ihm bekamen wir auch Tipps, wie es weiter geht und was wir machen müssten. Er sagte zu uns:

„Leute, ihr müsst froh sein, dass ihr noch das Auto habt. Es gibt Fälle, wo die Räuber die Leute aus

dem Auto gezerrt haben und mit allem verschwunden sind!"
Wir mussten uns am nächsten Tag an die Deutsche Botschaft anmelden und um Papiere bitten. Vorher aber mussten wir Fotos für die Ausweise machen. Am Bahnhof sollte ein Fotoautomat sein. Also auf zum Bahnhof. Aber wie sollten wir ihn um 23.00 Uhr nachts, in Budapest finden? Ich sah ein Taxi und kam auf die Idee, den Fahrer anzusprechen und ihn zu bitten, uns bis zum Bahnhof zu führen. Nach alledem, was uns passiert war, dachte ich: „Wer weiß, ob der nicht auch ein Verbrecher ist? Hoffentlich bleiben wir heil und werden nicht noch mal ausgeraubt!" Unsere Ängste waren umsonst, weil er einer von dem guter war. Er sprach ein wenig deutsch und hat uns auch kein Geld genommen, nachdem er gehört hat, was uns passiert ist. Nachdem wir die Fotos hatten, fuhren wir zu der Deutschen Botschaft. Damit war die Reise nach Rumänien beendet. Ohne Autopapiere und gültige Ausweise hatten wir überhaupt keine Chance. Jetzt überlegten wir, was wir mit dem ganzen Sperrmüll machen sollten. Ihn wieder nach Hause schleppen? Wer weiß, ob wir nicht an der Grenze in Deutschland Schwierigkeiten bekommen? Daher haben wir uns entschieden die Sachen auszuladen und sie auf einem Parkplatz zu deponieren. Wer die Sachen gefunden hatte, dachte bestimmt, dass Gott die Hand im Spiel hatte. Nach einer verdammt langen Nacht bei Minusgraden, gingen wir um 9:00 Uhr früh in die Botschaft an den Schalter und erzählten unsere Geschichte. Es dauerte circa eine Stunde bis unsere

Personalien in Deutschland überprüft wurden und nach noch einer Stunde hatten wir endlich unsere befristeten Ausweise in der Hand. Glücklich und erleichtert, in wahrstem Sinne des Wortes, traten wir die Reise in Richtung Deutschland ein. Die Angst war da:

„Bitte keine Verkehrskontrolle", weil ich keine Papiere hatte und nur das Protokoll in ungarischer Sprache. Wir kamen ohne Zwischenfälle über die deutsche Grenze und ich ging an die erste Tankstelle um mich ein wenig ausruhen. Nach fünf Minuten kam die Zollkontrolle! Ich dachte mich trifft der Schlag! Hatten wir bis jetzt nicht genug Pech gehabt? Auch das noch. Es fing an zu schneien, der Wind fing an zu tosen und die Müdigkeit machte mir zu schaffen. Die Zöllner haben den ganzen Bus auf dem Kopf gestellt und nach Zigaretten gesucht. Nach einer halben Stunde Wartezeit in der Kälte, gingen sie endlich und ich hab geschworen, dass ich bis nach Hause gar nicht mehr anhalten werde. Zum Glück hatten ich und mein japanischer Bus durchgehalten. Nach 48 Stunden ohne Schlaf, 24 Stunden hinter dem Lenkrad, tonnenweise Stress und 1600 Kilometern in den Knochen sind wir endlich Zuhause angekommen. Wir waren um ein Erlebnis reicher, um Geld, Papiere und Sperrmüll erleichtert. Danach wurden wir noch mal zur Kasse gebeten, weil wir uns neue Ausweise und ich auch neue Autopapiere besorgen mussten. So ist das Leben. Voller Überraschungen! Seitdem tue ich alle wichtigen Papiere und Geld in meine Jacke und ziehe diese nicht mehr aus. Außerdem prüfe ich gründlich, ob ich das richtige Werkzeug dabei habe und versuche so wenig wie möglich auf Parkplätzen anzuhalten. Am nächsten Tag habe ich meinen Cousin in Rumänien angerufen und ihm gesagt, dass wir einen Unfall gehabt hätten und wir deshalb nicht angekommen sind. Er musste doch nicht alles wissen. Nach einem Monat ruft er nach Deutschland an und fragt mich, warum ich ihm nicht die Wahrheit gesagt habe, dass wir ausgeraubt worden sind in Ungarn? Ich war perplex! Woher weißt er, was passiert ist. Keiner von uns hatte ihm doch etwas erzählt! Dann sagte er zu mir, dass ein rumänischer LKW-Fahrer, der mich kannte, in Ungarn auf einem Parkplatz meine Autopapiere gefunden hatte. Es war aber nur der Führerschein und die Versicherung. Die Pässe und das Geld waren weg! Was für ein Zufall! Ob er uns nicht selbst erleichtert hat? Das kann und werde ich wahrscheinlich nie wissen. Egal. Es war eh zu spät, weil ich schon neue Papiere hatte. Nach einem halben Jahr fuhren wir wieder zu Besuch nach Rumänien. Ich erfuhr, dass wir in dem besagten Dezembermonat nicht die einzigen Geschädigten waren, die beraubt worden sind. Noch 15 weitere Autos wurden ausgeraubt. Für andere endete die Aktion auch mit Prügeln und Autoraub. Wir zählten also zu den „Glücklichen". Wenigstens das Auto ist uns geblieben! Hauptsache gesund. Abenteuer pur! Was braucht man noch mehr? Adrenalin ohne Ende! Ich war froh, dass mein Vater bei diesem Stress keinen Herzinfarkt erlitten hatte. Was hätte ich dann gemacht? Keine Ahnung! Das ist alles schon lange her, und seitdem hat sich die Lage beruhigt, Gott sei Dank. In den letzten Jahren, muss ich zugeben, fahre ich auch immer seltener zu Besuch nach Rumänien, so dass auch das Risiko eines solchen Unglücks viel geringer ist. Ich hoffe, dass Sie Spaß am lesen hatten und wünsche Ihnen alles Gute, Gesundheit und ein ruhiges und besinnliches Leben. Manchmal ist weniger…. mehr.

Kurze Geschichte vom Ferdinandsberg

Die ältesten archäologischen Funde in der Umgebung der Stadt stammen aus dem Jung Paläolithikum. Zur Zeit der Herrschaft des Römischen Reiches führte durch das Tal der Fluss Bistra ein wichtiger Handelsweg. Der älteste Teil der heutigen Stadt ist die Siedlung *Ohaba Bistra*, die seit dem 15. Jahrhundert in Dokumenten nachweisbar ist. Die Region gehörte damals zum Königreich Ungarn. Zum Ende des 17. Jahrhunderts kam die Region unter osmanische Vorherrschaft, bevor das Banat Teil von Österreich-Ungarn wurde. Ohaba Bistra wurde Teil der habsburgischen Militärgrenze; die Ortschaft erhielt vorübergehend eine Militärverwaltung. Im 18. Jahrhundert begann ein intensiver Bergbau auf Metallerze. Es siedelten sich vor allem Deutsche und Österreicher an, die 1807 am rechten Ufer der Bistra – gegenüber von Ohaba Bistra – eine Eisenhütte und die Siedlung *Ferdinandsberg* gründeten. In der Folge prägte die Metallurgie diese Ortschaft.

Nach dem Österreichisch-Ungarischen Ausgleich, im Jahre 1867, und durch die anschließende Magyarisierung, erhielt Ferdinandsberg den ungarischen Namen *Nándorhegy*. Im Ergebnis des Ersten Weltkrieges gelangten der größte Teil des Banats und damit auch Ohaba Bistra und Ferdinandsberg an Rumänien. Der Ortsname wurde wieder 1924 in *Ferdinand* geändert. In diesem Ort lebten zunächst hauptsächlich Katholiken. Nach der Machtübernahme der Kommunisten erhielt die wiederum vereinigte Gemeinde 1948 den ideologisierten Namen *Oțelu Roșu* (wörtlich: „Roter Stahl"). 1960 wurde sie zur Stadt erklärt.

Doku über Ferdinandsberg

Folgende Seiten beinhalten eine kurze Dokumentation über 200 Jahre Stahlwerk und die Stadt Ferdinandsberg. Auch wenn diese Fabrik, im Kommunismus, nie rentabel arbeitete, haben viele Menschen ihre Existenz hier verdient. Die Qualität des abgebildeten Fotos lässt ein wenig übrig zu wünschen. Aus Kostengründen sind die Fotos schwarz-weiß.

Die Fabrik im 19 Jahrhundert

Ferdinand — Fabrica de cuie — Nagelfabrik

Schule und evangelische Kirche

Bahnhof

Warenhaus

Metzgerei

Anno 1933. Auf diesem Foto sind auch mein Opa und mein Onkel Abgebildet, links, oben erste Reihe

Die "goldene" Epoche des Kommunismus ab 1948

Elektrische Werkstadt, 1971

Kalkwerk

Schrottlager

Elektrooffen- Stahl Gießerei

Zentrum in den 60-ern

...und 2012! Schlimmer als damals!

Wohnblock 2012! Katastrophe...

Der Fluß Bistra 2012...total verwahrlost

Porsche mit …..1 PS

Paralelle: 130 PS zu 1 PS. Trotz 130 PS, kann das Auto nicht so viel Heu transportieren….

Herstellung und Verlag:
BoD - Books on Demand, Norderstedt
ISBN 978-3-7412-5074-3